# Lêdo Ivo

# ANTOLOGIA POÉTICA

ILUSTRAÇÕES
Roger Mello

ORGANIZAÇÃO
Walmir Ayala

2ª edição



EDITORA
NOVA
FRONTEIRA

EDITORA NOVA FRONTEIRA PARTICIPAÇÕES S.A.
Rua Nova Jerusalém, 345 — CEP 21042-235
Bonsucesso — Rio de Janeiro — RJ
Tel.: (21) 3882-8200 fax: (21) 3882-8212/8313

PROJETO GRÁFICO: GRAÇA LIMA / ASSISTENTE: TALINE SCHUBACH
ILUSTRAÇÕES: ROGER MELLO
DIAGRAMADOR: VLADIMIR MONTENEGRO
REVISÃO: TAIS FACINA E JUSSARA DA HORA
INTRODUÇÃO: ANTÔNIO CARLOS VILLAÇA

CIP-BRASIL. Catalogação na fonte
Sindicato Nacional dos Editores de Livros, RJ

I29a Ivo, Lêdo 1923-2012
2.ed. Antologia poética/ Lêdo Ivo; Organização de Walmir Ayala; Ilustrações de Roger Mello. - 2.ed. - Rio de Janeiro: Nova Fronteira, 2013.
il.

ISBN 978-85-209-3475-3

1. Literatura brasileira. 2. Poesia. I. Mello, Roger. II. Título.

02-0021. CDD 921.139
CDU 989

## Nota do Organizador

*Foi Lúcio Cardoso, na década de 1950, quem me recomendou Lêdo Ivo. Recém-chegado ao Rio, eu tomava conhecimento da obra de poetas pouco estudados no Sul, entre eles Lêdo Ivo. E Marcos Konder Reis que, ao lado de Lêdo, forma a dupla mais estimada por mim desta polêmica geração chamada 45. Relendo Lêdo Ivo, na íntegra, para a seleção desta Antologia, reencontro o prazer do verso largo, a música cintilante, o respeito ao soneto (esta forma-fôrma perene), o clima reminiscente, a generosidade dos ritmos oceânicos, e a intimidade perfurante com a morte e o amor. Lêdo Ivo consegue a valiosa façanha de transcender o trivial, de não trair o cotidiano sem contudo contentar-se com sua opacidade imediata. Ele atinge o fulgor do instante. É de se denotar também uma valorização obsessiva e correta da mulher, a envolvência de sensualidade bíblica com que ele envolve o casal e seu transe amoroso. E a luz, toda a carne da vida é transpassada de luz; um velado desespero de tornar sonoro e reivindicante o canto; o andamento musical com que ele – o poeta – organiza sua sonata, contaminada de adágios. Quero dizer que tive prazer neste trabalho, e convidar o leitor a dividir comigo esta experiência. Outra coisa não é a poesia que este resgate do efêmero, esta possibilidade de guardar uma memória gozosamente dolorida, quando tudo nos inclina a esquecer. O poeta vem condenar a civilização a uma gratificante memória, compondo a verdadeira História planetária, ou seja, a sua capacidade de permanecer no humano.*

Walmir Ayala
Rio de Janeiro, julho de 1989

# Lêdo Ivo - Cronologia

*1924* – Nasce a 18 de fevereiro, em Maceió, Alagoas, filho de Floriano Ivo, então guarda-livros, e Eurídice Plácido de Araújo Ivo.

*1931* – Inicia o curso primário, no Grupo Escolar D. Pedro II.

*1936* – Inicia o curso secundário no Colégio Diocesano.

*1938* – Começa a colaborar na imprensa local. Alguns trabalhos seus são publicados no Rio, por Raimundo Magalhães Jr., então diretor da revista *Carioca.*

*1940* – Transfere-se para a cidade de Recife, Pernambuco, e matricula-se no Colégio Carneiro Leão. Descoberta de Rimbaud. Seu amigo e conterrâneo Haydn Goulart aproxima-o de Willy Lewin, que haveria de exercer uma grande influência em sua formação literária. Começa a colaborar na imprensa de Recife.

*1941* – Participa do I Congresso de Poesia de Recife.

*1942* – Em Maceió, termina o curso complementar no Liceu Alagoano e trabalha como repórter na imprensa local

*1943* – Chega ao Rio. Matricula-se na Faculdade Nacional de Direito da Universidade do Brasil. Começa a colaborar em suplementos literários e a trabalhar na imprensa carioca.

*1944* – Estreia na literatura com *As Imaginações*. Conhece uma moça mineira, Leda, com quem se casa dois anos depois.

*1945* – Publica *Ode* e *Elegia.*

*1947* – Publica o romance *As Alianças*, que será distinguido com o Prêmio Graça Aranha.

*1948* – Em Barcelona, na Espanha, João Cabral de Melo Neto imprime, em sua prensa manual, o *Acontecimento do Soneto*. São lançados, ainda, *Ode ao Crepúsculo* e o romance *O Caminho sem Aventura.*

*1949* – Publicação de *Cântico*. Na noite de 6 de setembro, pronuncia, no Museu de Arte Moderna de São Paulo, a conferência "A Geração de 1945". Forma-se pela Faculdade Nacional de Direito.

*1951* – Publica *Linguagem*, *Ode Equatorial*, *Lição de Mário de Andrade* e *Acontecimento do Soneto* e *Ode à Noite.*

*1953* – No início do ano, vai morar em Paris, na França, em companhia de sua mulher. Visita Londres, na Inglaterra, e percorre a Holanda, Bélgica, Suíça e Itália.

*1954* – Viagem à Espanha e Portugal. Em agosto, volta ao Brasil e reinicia as suas atividades literárias e jornalísticas.

*1955* – Publica *O Preto no Branco*, *Um Brasileiro em Paris* e *O Rei da Europa*, escritos em Paris.

*1957* – Publica uma tradução de *Une Saison en Enfer* e *Illuminations*, de Rimbaud, e *A Cidade e os Dias*.

*1960* – Publica *Magias*.

*1961* – São editados *Paraísos de Papel* e *Use a Passagem Subterrânea*.

*1962* – Publica *Uma Lira dos Vinte Anos*.

*1963* – Publica *Ladrão de Flor* e *O Universo Poético de Raul Pompeia*. A convite do governo norte-americano, realiza uma viagem de dois meses (novembro e dezembro) pelos Estados Unidos. Visita Washington, Filadélfia, Nova Iorque, Boston, Ohio, Chicago, Portland (Oregon), São Francisco (Califórnia), Albuquerque (Novo México), Nova Orleans, pronunciando palestras em universidades e conhecendo escritores e artistas.

*1964* – Publica *O Sobrinho do General* e *Estação Central*.

*1965* – Lança *Antologia Poética*.

*1966* – São publicados *O Flautim* e *50 Poemas Escolhidos pelo Autor*.

*1967* – Publica *Poesia Observada*.

*1972* – Publica *Modernismo e Modernidade* e *Finisterra*.

*1973* – Conferido a *Finisterra* o Prêmio Luísa Cláudio de Sousa (poesia) do Pen Club do Brasil; o Prêmio Jabuti, da Câmara Brasileira do Livro; e o Prêmio da Fundação Cultural do Distrito Federal. Ao seu romance *Ninho de Cobras* é conferido o Prêmio Nacional Walmap.

*1974* – Publica *O Sinal Semafórico*. Conferido a *Finisterra* o Prêmio Casimiro de Abreu, do Governo do Estado do Rio de Janeiro.

*1976* – Publica *Central Poética*, *Alagoas* e *Teoria e Celebração*.

*1977* – É publicado *O Navio Adormecido no Bosque*.

*1979* – Viagem ao México numa programação cultural. Publicação de *Confissões de um Poeta*.

*1980* – Publicação de *La Imaginaria Ventana Abierta* (tradução de Carlos Montemayor) no México. Conferido a *Confissões de um Poeta* o Prêmio Memória da Fundação Cultural do Distrito Federal.

*1981* – Sai em Nova Iorque, pela New Directions, *Snakes' Nest* (tradução de *Ninho de Cobras*). No México, é lançado *Oda al Crepúsculo*, em tradução de Manuel Nuñez Nava.

*1982* – Viagem ao México, para participar de um congresso internacional de poesia, e aos Estados Unidos (Nova Iorque). Publicação de *A Noite Misteriosa*. Ao conjunto da sua obra, é conferido o Prêmio Mário de Andrade, da Academia Brasileira de Letras. Sai no Peru a antologia *Poemas*, em tradução de Pedro Cateriano.

*1983* – Lançamento de *Os Melhores Poemas de Lêdo Ivo*. Conferido a *A Ética da Aventura* o Prêmio Nacional de Ensaio da Fundação Cultural do Distrito Federal.

*1984* – Lançado na Dinamarca *Slangboet* (*Ninho de Cobras*), em tradução de Peter Poulsen. Viagem a Portugal, França e Estados Unidos. Publicação de *A Morte do Brasil* e *O Menino da Noite*.

*1985* – Viagem à Holanda, para participar de um congresso internacional de poesia em Rotterdam, e à Dinamarca (Copenhague). Publicação de *Calabar*.

*1986* – Viagem a Portugal, a fim de participar, no Porto, de um congresso sobre língua portuguesa. Publicação de *10 Contos Escolhidos*. Ao conjunto de sua obra é conferido o Prêmio Homenagem à Cultura, da Nestlé. No dia 13 de novembro, é eleito por unanimidade para a Academia Brasileira de Letras, sucedendo a Orígenes Lessa na cadeira nº. 10, fundada por Rui Barbosa.

*1987* – Viagem a Paris. No dia 3 de abril, recepção na Academia Brasileira de Letras; resposta de Dom Marcos Barbosa. Publicação de *Cem Sonetos de Amor e Mar Oceano*. Viagem ao México, onde participa de congressos latino-americanos de poesia em Querétaro e Guanajuato.

*1988* – Viagem ao Canadá, a fim de participar de congressos internacionais de poesia em Toronto e Calgary. Visita Ottawa, Montreal e Quebec. Publicação da edição aumentada de *O Soldado Raso*. Viagem à República Dominicana, representando a Academia Brasileira de Letras nas homenagens nacionais ali prestadas à memória de Pedro Henríquez Ureña.

*1989* – Viagem à Inglaterra, Escócia e Irlanda, num roteiro que inclui Londres, Edimburgo e Dublin. Publicação da edição inglesa de *Ninho de Cobras* (*Snake's Nest*), pelo editor Peter Owen.

*2004* – Conferido ao autor o Prêmio Golfinho de Ouro do Governo do Estado do Rio de Janeiro, pelo conjunto da obra.

*2008* – Conferido ao autor o Prêmio de Poesia del Mundo Latino Victor Sandoval (México, 2008).

*2009* – Conferido ao autor o Prêmio de Literatura Brasileira da Casa de las Américas (Cuba, 2009).

2010 – Conferido ao autor o Prêmio Rosalía de Castro, do PEN Clube da Galícia (Espanha, 2010).

*2012* – Falecimento em 23 de dezembro, vítima de um infarto.

# SUMÁRIO



## ANTOLOGIA POÉTICA

# Sobre Lêdo Ivo

## Antônio Carlos Villaça

Aqui está uma Antologia da obra poética de Lêdo Ivo. Organizou-a Walmir Ayala. Temos assim um poeta a selecionar as obras de outro poeta. Não há como os poetas para se encarregarem dessas tarefas sutis.

Dá-nos Walmir Ayala uma visão global da poesia de Lêdo Ivo, que vem de 1944, do livro de estreia *As Imaginações* e chega ao volume *Mar Oceano*, de 1987, com admirável capa de Gonçalo Ivo, filho de Lêdo Ivo e artista plástico.

O itinerário poético de Lêdo aqui se condensa, harmoniosamente. É toda uma vida consagrada à poesia. Uma vida puramente de poeta. Um destino exclusivamente literário. Uma espécie de sacerdócio poético. Lêdo é absorventemente poeta. Mas é também romancista, contista, ensaísta, memorialista, cronista. Mas em todas essas faces da sua atividade intelectual intensa o poeta aparece, o poeta está presente, a dimensão poética se insinua, poderosa, ardente.

Nasceu ele em Maceió, Alagoas, em 1924. Cumpriu a sua primeira formação literária em Recife, Pernambuco. Em 1943, transferiu-se definitivamente para o Rio de Janeiro, que se tornou sua cidade. A atividade jornalística, iniciada na província, prosseguiu-a no Rio de Janeiro.

Os grandes momentos da sua vida foram a estreia na literatura, em 1944, com o livro As *Imaginações*, logo festejado pela crítica, a amizade profunda a Manuel Bandeira e José Lins do Rego, com os quais soube dialogar, a intimidade com Rimbaud, que é o poeta por excelência do seu destino, o casamento com Leda (e Manuel Bandeira dizia com muita graça – "isto não é um casamento, é um trocadilho..."), a estada em Paris – 1955 – ao lado de Cassiano Ricardo, a eleição e posse na Academia Brasileira de Letras, onde o recebeu o poeta e monge Dom Marcos de Araújo Barbosa, O.S.B., e onde sucedeu a Rui Barbosa, Laudelino Freire, Oswaldo Orico, Orígenes Lessa, sob o patrocínio de Evaristo da Veiga, jornalista.

Formou-se em Direito pela Faculdade Nacional, em 1949, mas não advogou. Preferiu traduzir Rimbaud, cuja *Estação no Inferno* e cujas *Iluminações* soube verter para nossa língua. Dante o fascina também.

Como crítico, nos deu páginas admiráveis sobre Mário de Andrade e Raul Pompeia. O Universo Poético de Raul Pompeia, de Lêdo Ivo, é um dos melhores estudos sobre o criador do *O Ateneu*. Poeta e crítico nele dialogam muito bem, se unem profundamente, lucidamente. Lêdo é, sem dúvida, um poeta noturno, um poeta de inspiração, mas é também um poeta de extrema lucidez.

Poeta multifário, é o mais prolífico e versátil da sua geração, que é a geração de 45. E concebe o poema à maneira de Válery: "o poema – esta hesitação prolongada entre o som e o sentido". A geração de 45 começou exatamente com *As Imaginações*, de Lêdo, *O Engenheiro*, de João Cabral de Melo Neto, *Mundo Submerso*, de Bueno de Rivera.

Há, em Lêdo, como em toda a sua geração, a tendência de voltar a uma disciplina poética. O senso da forma, sobretudo. Se o modernismo havia sido a insurreição da poesia contra o verso ou o primado da poesia sobre o verso, a geração de 45 queria a afirmação da primazia do verso. Passava-se da liberdade à disciplina. Houve uma volta ao soneto e uma valorização dos caudalosos, uma apologia dos poetas abundantes.

Lêdo dedica Marola, em *Magias*, a Domingos Carvalho da Silva: "Estou onde não me procuras / no reino da regra e do ritmo". Ele nos traz a regra e o ritmo, a valorização da forma. Dedicou A Terra Total, de *Linguagem*, a João Cabral. E restaura a ode e o soneto. *Acontecimento do Soneto* é de 1946. E sucedem-se as Odes – *Ode ao Crepúsculo*, *Ode à Noite*, *Ode Equatorial*. Lêdo é o poeta mais típico da geração de 45.

*Um Brasileiro em Paris*, de 1955, abre com uma citação de Dante. E *O Rei da Europa*, com uma palavra de Rimbaud, nas *Iluminações*.

Lêdo se vincula a Rimbaud. Já a epígrafe de *As Imaginações* era de Jean-Arthur Rimbaud – "*Je suis maître em fantasmagories*". Poeta intenso, de irresistível noturnidade, quer, no entanto, como a sua geração, a forma depurada, a construção estética, a preocupação do estilo, em suma, a arte de escrever. Não uma volta ao parnasianismo, mas uma evolução consciente dentro da estética do modernismo.

Lêdo possui uma capacidade emocional única. E é um poeta lírico extremamente denso. O canto lhe é essencial. Tudo na sua poesia é canto. Canto e linguagem. E assim se chamaram dois de seus livros – *Cântico* e *Linguagem*. E há sempre na poesia de Lêdo o amor, mas um amor impregnado de melancolia.

Manuel Bandeira chamou-lhe um demônio metódico. E, assim, exprimiu muito bem o que há nele de intuição sagaz e de lucidez crítica, ordenação, sistematicidade, harmonia. Há em Lêdo mestria verbal, e ele se considera um poeta consciente. Mas a sua visão é uma visão barroca do mundo. E há nele uma dialética entre o caos e o cosmo. O roteiro das suas fontes abrange Rilke, com o senso elegíaco, Eliot, com o senso metafísico, Claudel, Bandeira, Vinícius. E a sua poesia é uma poesia embebida de luminosidade, de claridade. Apesar da sua vocação noturna ou crepuscular, ou sensível ao mistério.

Desde *As Imaginações*, ele nos fala de *O Laboratório da Noite*, com a sua *alquimia do sonho*, de nítida inspiração rimbaudiana. Menino-prodígio da sua geração, tinha de fato, desde o início, algo de Rimbaud e de Álvares de Azevedo. E sutilmente ele soube conciliar, unir a *alquimia do sonho* e o *didático instrumento*. Há sempre nele o "navio doido", de Rimbaud, e a sedução da retórica, *a lição*, o espírito de equilíbrio.

Como Bandeira, se considera um poeta de inspiração. Mas, como Bandeira, doutorou-se em poesia, estudou-a, conviveu com ela, lucidamente, exigentemente, criticamente. E, quando, pela primeira vez, quis reunir num volume os seus livros de poemas, foi buscar a proteção de Álvares de Azevedo – *Uma Lira dos Vinte Anos*. Há sempre nele uma espécie de sedução pela adolescência, ou o fascínio da mocidade. Uma poesia extremamente juvenil, que conservou pela vida inteira um ímpeto, um impulso, um fogo interior, uma vibração de juventude, ou de descoberta da vida, ou de encantamento.

Lêdo é no fundo um romântico. E uniu a geração de 45 a Álvares de Azevedo. Um pré-clássico, chamou-lhe João Gaspar Simões. E sua poesia nos revela o sonho, a imaginação tensa, o eterno feminino, a vida cotidiana, a vida urbana, uma arte poética.

Aqui está o *Poema em memória de Éber Ivo*. É do seu primeiro livro, há 45 anos. Há aqui a presença do sonho, que é uma constante no destino poético de Lêdo. A perspectiva do sonho reaparece em toda a sua obra. E Lêdo chamou a um de seus livros, de 1982, *A Noite Misteriosa*, a exprimir tudo que há de sombra, de sonho, de lunar, na sua criação, que oscila entre a totalidade do mundo e o fragmentário, como observou Carlos Montemayor.

Uma das páginas mais belas, mais musicais, mais leves de Lêdo é justamente *A Visita da Noite*, que serve de abertura ao seu livro *A Noite Misteriosa*. Nas próprias palavras do poeta, ele pretende "exprimir o mistério da noite, que, convertida em linguagem, cercou o universo do homem e do artista".

*Elegia* e *Elegia Didática* aqui estão e nem poderiam faltar, porque são fundamentais no puro itinerário da Beleza, que é a obra de Lêdo. *Elegia Didática* é o canto elegíaco na sua plenitude. O amor e o canto se fundem. E Lêdo se entrega à valorização do inefável.

O *Soneto Puro* nos traz a revelação do amor e o duelo noite-claridade. *O Ofício de Viver* nos traz o poeta no seu ritmo mais puro. "Vou sempre além de mim mesmo"... "Se inventar é o meu destino, invento e invento-me. Canto". Eis a síntese da sua poesia.

Mas, no *Soneto Campestre*, deparamos a vocação que Lêdo cultiva de intimidade com a natureza, diálogo com as plantas, à maneira de Virgílio. E lá vai ele para o seu sítio perto de Teresópolis, sensível ao campo. "Eu era a natureza. Eu me inventava".

*Soneto Noturno* é um dos mais belos da obra lediana. "Ó égua de cristal chamada hora"... Ali está bem o poeta, na sua multiplicidade, na sua arte poética. *Necessidade de um Paraíso* nos mostra o poeta na sua relação profunda e cotidiana com a beleza, com Deus, a necessidade da supressão do tempo.

E, súbito, o poeta descobre a Europa, vê Paris, reside em Paris, viaja, convive com o mundo. *Um Brasileiro em Paris* exprime tudo isto, a descoberta do mundo, o apelo oceânico. O *Soneto dos Trinta e Cinco Anos* é uma das meditações mais profundas de Lêdo. E surge a imagem do farol, a que é fiel. Ele oscila entre o farol e o semáforo.

*Confidência do Sonhador a seu Filho no Berço* nos propõe de novo o sonho, o farol, a sua visão do mundo, entre melancólica e generosa. "Sou um homem que sonha"... *Finisterra* aqui está, indispensável poema, de visão universal. "Ando na multidão e o meu nome é ninguém"...

*A Quem Interessar Possa* é a concepção de Lêdo a respeito da vida. Que concentração, que densidade! Um dos seus poemas mais intensos, na sobriedade patética. E, por fim, a *Ode à Permanência*, que nos revela uma vez mais o seu amor ao mundo, o seu apego a tudo.

Poesia alta e fraterna, sensual e cristã, ardente e contida, influenciada por Dante e Rimbaud, transfigurada pelo sofrimento, amadurecida pelo convívio, iluminada pela esperança. Essa necessidade de permanência, esse desejo de permanência, essa aspiração de ficar, durar, vencer o tempos, vencer a morte – caracteriza o grande poeta e o redime de tudo, o salva de si mesmo e o conduz àquela plenitude, que é um dos nomes de Deus, Beleza Eterna.

## A Capa

No chão da infância vou encontrar
todos os objetos que perdi:
a capa azul, o livro de gravuras,
o retrato do irmão morto
e tua boca fria, tua boca fria.

Minha capa azul, no chão da infância.
cobre os objetos e as alucinações.
É uma capa azul, de um azul profundo
que em tempo algum será encontrado.
Azul como este não existe mais.

E a todos vocês que são puros ou relapsos;
virgens no inverno e repulsivos no verão,
faço meu pedido de um azul profundo:
cubram-me com esta capa no dia em que eu morrer.

Quando eu estiver morrendo, podem ter a certeza,
uma capa azul, de um azul profundo,
envolverá meu corpo da cabeça aos pés.

# Poema em Memória de Éber Ivo

Éber
o espírito de Deus pousou em tuas mãos trêmulas e na
[agonia de teus olhos enevoados
que se entrecerraram porque o ritmo do teu coração
[morreu e teus sonhos procuraram outros roteiros
[mais extensos
e tuas paisagens humanas perderam os limites e se
[indefiniram
nunca mais te contarei histórias nem sentiremos
[melancolias nas tímidas noites
bem diziam que eras diferente de todos os teus irmãos
havia um halo de poesia iluminando o bronzeado de teus
[cabelos cujos caracóis a morte não desfez
tua testa era límpida porque os pensamentos grandiosos
[adormeciam nela
teus olhos sempre se levantavam para o alto ampliando o
[limite do panorama
e em teu corpo franzino habitava o sangue dos poetas
[e dos músicos
habitava também o sangue dos contadores de histórias
nós guardamos teu retrato de primeira comunhão e o
[ampliaremos para que cresças durante a prolongada
[ausência
recolhemos teus livros e teus cadernos de primeiro da aula
[e choramos teus dez anos inquietos

outros souberam somente que partiste num esquife
[branco e teu último traje terreno foi uma roupa
[de marinheiro
ó belíssimo menino de olhos sonhadores e cabelos
[castanhos
mesmo porque fizeste a grande viagem com a
[indumentária dos navegantes
teu cruzeiro é bem longo
tão longo que minhas poesias te reconciliarão com
[os grandes problemas e enigmas
vestido de marinheiro como os caminhantes do mar
nunca mais te direi as tristes lendas de violino e
[conversarei contigo
tua poesia é tua presença transfigurada após a desaparição
porque teus olhos se transformaram em faróis e sentiste
[a permanência do grande poeta que é Deus antes de
[sentires a transfiguração poética
peço porém que digas aos poetas que encontrares por
[aí que o mundo se afunda em grandes tormentas
os poetas continuam sendo os timoneiros do mundo
não te esqueças das minhas histórias e das minhas paisagens
mesmo porque te tornaste um timoneiro do barco de Cristo
o plano continua mudo para que se prolongue o
[compasso readquirido de tuas singelas músicas
[mesmo que as estrelas não brilhem nos céus claros estarás
[conosco
tão integrado conosco que não te sentiremos ausente.

# Face Belíssima

Face Belíssima! Face Belíssima!
Cinco vezes passaste diante de mim
mas eu tocava rabeca para os cometas
e não te vi passar.
Mistério maior se eu tocasse valsa para meu pai
e as escalas fossem nomes de aeroportos.

Face belíssima!
Cinco vezes passaste diante de mim
e de teus cabelos jorravam temporais noturnos algas e lírios
e de teus olhos jamais tão lúcidos e violentos
brotavam oceanos para o suicídio de meus pecados
brotavam tintas para os meus quadros.

Oh! não perceber teu hálito de amor
como a noite entre os tempos!

# O Bombeiro

Os vespertinos de hoje divulgam rapidamente a morte
[do bombeiro João Cristóvão da Silva
ocorrida durante o violento incêndio de ontem.
Nunca mais o veremos em seu carro vermelho
junto a escadas que subiam para o céu e para o fogo.
No Méier, alguém chorará o companheiro morto.

Ele lutava contra o fogo. E amava o perigo.
Salvou crianças, e uma fotografia o surpreendeu sobre
[um telhado que desabava.
Era o marinheiro do fogo.

No Méier, restará a companheira
que João Cristóvão da Silva acariciava com as suas mãos
[ainda quentes
de incontáveis incêndios dominados,
um talher curvado sobre o silêncio
e os vespertinos onde se fala
daquele que a morte roubou o feérico anonimato.

João Cristóvão da Silva, a única vítima do impressionante
[incêndio de ontem,
evitou que rosas fossem devolvidas pelo fogo à sua
[presença incriada
e trabalhava imparcialmente, salvando ao mesmo tempo
[o piano e a fruta, os arquivos judiciários e as cadeiras

[de balanço.

Purificado pelo fogo e citado pela ordem do dia,
hoje ele é apenas uma composição mineral.

De agora em diante, quando houver incêndios,
haverá no carro vermelho dos bombeiros um lugar vazio.

Em memória desse profissional do fogo ontem desaparecido
numa igreja do Méier alguém se ajoelhará
e pedirá a Deus que livre o bombeiro
do outro fogo.

## CANTIGA PARA A AMIGA FÚTIL

Venho cantar tua pronúncia inglesa, digna de Oxford.
Teus múltiplos passeios.
Teu complexo de Electra.
E venho te convidar para partir comigo
na corveta *Euterpe*,
para o país sem nome e sem dia.
Andaremos de velocípedes nas nuvens
faremos filhos por via aérea
e navegaremos na lagoa escaldante do mistério.
Venho te convidar ó perpétua senhora
para a contemplação no espelho da Sala do Fim do Mundo.
Teus seios, outrora lunares; teu secreto charme; teu corpo
[mais eterno do que realmente é; teu exímio processo
[de amar.
Venho te convidar para o amor
no jardim-terraço da corveta *Euterpe*.
Com o teu corpo de fragata ou tua paixão
vem.

Sou menor que tudo.

## Justificação do Poeta

Pai, meus pensamentos não cabem na tua sala com piano
[tranquilo a um lado e escuras cadeiras vazias perto
[da janela
meus inquietos pensamentos não cabem na saleta com
[flores morrendo nos jarros e paisagens sorrindo
[nas molduras
deixa que eles atinjam além das cortinas azuis e caminhem
[para muito além das janelas abertas
deixa que eles se misturem com o calmo luar
não te importes se os outros se espantam com teu filho
[de olhos vivos e cabelos sempre desalinhados
não te importes se recito poemas quando a noite cai
o tempo não existe na alma do poeta
tudo é universal e abrange todos os tempos
os poetas, meu pai, são os corações do mundo
são as mãos de Deus escrevendo os poemas do mundo
[inseguro
não importa, pai, que digam que sou louco
que choro debruçado nas pontes e me comovo nos teatros
que pergunto pela obscura Adriana quando a madrugada
[desce em silêncio

em silêncio
os poetas são os planos do mundo
só eles permanecerão inalteráveis diante das musas e
[de Deus
só eles terão a noção da agonia do mundo
ontem um menino espanhol foi despedaçado por
[uma bomba
amanhã se encontrarão poemas no bolso do suicida
[sonhador
enquanto isso os guindastes trabalham incansavelmente
[dia e noite

e os operários fatigam os braços e as pernas
nenhuma oscilação haverá na Poesia
ela ficará em equilíbrio porque os ritmos a amparam
e Adriana não se prostitui.

Sou um comício. Sou uma revolução.

# Elegia

Queremos o azul! Como nas outras noites
em que a música vinha da terra varada pela queda das árvores
todos nós esperávamos, porque sabíamos
que algo iria acontecer. Talvez as florestas
se levantassem do chão limpo. Ou então,
por que descrer das antigas vozes que gritavam nomes
ou não acompanhar o crescimento de certos risos que
[ficaram?
Queremos o azul como outros quiseram a alegria das
[lágrimas em olhos que não deviam chorar.
Claro é o mundo, e clara é a música.
Vem, céu providencial. Desaba sobre
os corpos nus que vão acordar violentamente para o amor,
desaba sobre as adolescentes que se oferecem ao nada
[e a distância,
porque minha é a alegria de esperar, até que venha
o sinal convencionado, mistura de dor e de aflição,
o raio caindo no escuro, o pranto a fluir na última noite.

O Tempo é bem menor do que julgamos. Nele, cabe apenas
a escolha. Resumo de todas as horas,
o tempo é o adeus, o sorriso, a primeira lágrima caindo
no rosto inclinado para o júbilo de aceitar o humilde
[sofrimento.
Sendo escolha, ele recebe unicamente o essencial
que temos em nós, como um tesouro.
Comporta-te como se fosses morrer de repente, em
[plena primavera,

assustando os pássaros que parariam no ar surpresos
[com a tua queda
e sentindo que o grande Canto que se concentra no
[núcleo de tua vida
não subiu para os céus, como desejavas.

Não fomos feitos para durar sempre. Daí, nasce
o nosso martírio, a queixa irrefreável.
Queremos correr nas infinitas planícies onde brotam as odes
e não podemos abandonar nossas casas e mulheres,
[acordamos para enxugar o suor do rosto.
Oh! que venha o azul ou a sombra do azul, e nos precipite
no misterioso nada onde tudo existe, na solidão
onde a noite se abre para Deus como as estrelas dos
[outros tempos se abriam para o olhar insaciável da
[infância.
Dorme em mim, prazer que não tive. Voluptuosidade que
[me daria o inferno,
não te reveles em mim, pois não podes durar sempre.
Carícias dos tormentos finais, ide embora.
Vem dos abismos, luz que incendeia.

E tu, ó conhecida sempre desconhecida,
vem com o azul, como no tempo em que eu passeava
[na praia da cidade em que nasci
e me chamavas, acenando entre as ondas.
Surge, pois flor que se abre na planície infinita
foi tua ausência, antes de ser minha.
Eu te procurava, mas não te via. E não era um cego;
a manhã nascia sem a tua alegria triunfante
e as colinas de nossa paisagem tinham saudade

dos dias em que subias aos cimos cheios de sombras
e ias esperar a passagem dos ventos.
Tua juventude caminhava, ao sol, para o silêncio
onde nenhuma palavra de amor poderia ser ouvida
embora eu gritasse ou me curvasse à terra.
Guardado à música de tua esperança, eu conhecia
a dor de te amar em mim, sem poder te amar em ti
e sofrer, eu mesmo, o meu amor impossível
colado à vaga oferta de teu corpo claro.
As corolas das flores, tornadas sensuais,
lembravam o repouso de teu sexo ausente
atento aos idílios mais desesperados.
E quando eu te chamava, me respondia a música
que avançava de tuas pupilas, e trazia
os movimentos de teu corpo doméstico e selvagem, a grandeza
de tua dança, o amor.

Eu te amavas porque eras inútil.

Em minha infância, eu não te conheci.
Todavia, entre o mar e os coqueiros
pensei muitas vezes na menina selvagem que estava
[esperando pela minha juventude
enquanto a erva crescia na areia onde as marcas dos passos
eram levadas para outros lugares e aí ficavam para sempre.
Nesse tempo, os pescadores partiam de manhã, sem que
[ninguém os visse
e voltavam ao anoitecer, trazendo peixes habituados
[decerto ao uso de um oceano bastante azul.
Eram homens bárbaros, feitos de sangue e vento, que
[voltavam sempre

como se a morte não existisse em alto mar.
Eu não lhes perguntava pelo traço que teu sorriso deixara
[nas ondas
nem pela espuma, abrigo de tuas mãos ausentes.
Enquanto eu corria pela praia a fora
sorrias o sol de outra manhã mais vasta, sem suspeitar
[de meu pensamento de amor.
Dias houve em que, sem te conhecer, eu te habituei
[ao convívio das grandes histórias marítimas
e te falei do tempo em que havia Oriente.
Não me conhecias, mas eu te amava; mesmo sem saber
[que existias, eu te amava:
dentro de mim, o grito silencioso da Alegria estava presente
e me comunicava que o Tempo, correndo, me traria a hora
em que me seria permitido inclinar-me sobre teu rosto
e conhecer teus olhos (o versátil oceano).

Agora, tua respiração dirige o silêncio.
Estou junto a ti, enquanto a noite cresce.
Não me deixes morrer. Teu corpo
adquire diante de meus olhos a forma de um alimento.
És como uma luz caindo sobre corpos fechados.
E te levantas, com o rosto desesperado, com os seios desesperados, [com o sexo desesperado, com o resto do corpo desesperado!
Eu te amei à primeira vista.
No momento em que surgiste, foi concedido a mim
[não estar esperando.
Entretanto, quantas vezes não paraste nas esquinas de
[minhas baladas
e ficaste me contemplando com teus olhos de vaga!

Quando vieste (sem dúvida, fui eu que parti ao
[teu encontro),
não te dei rosas, nem te dei sonhos, nem extremos sorrisos.
Te dei versos, meu bem; a rosa que fica
parada na sombra de um sol sem país; te dei o sonho
da esperança e do contentamento. Te dei o verso nu,
sorriso extremo
que se levanta das ausências como as valsas se levantam
[dos sorrisos antigos, como um grande mar não visto
[se ergue no coração dos que morrem;
como o efêmero nasce na flor (a indispensável imagem),
como o sentimento se um paraíso perdido nasce no
[instante em que o Anjo nos vem buscar.

Moça, de onde vem essa beleza que antecede à voz?
Será do tempo em que olhavas o céu traspassado pelas
[tormentas, ou será
do tempo em que tinhas medo de teus pés caminhando,
[caminhando
no escuro dos dias vindouros, o enigma entreaberto?
Esse ar de quem viu pássaros voando, muito longe,
onde o descobriste, em que sono ou viagem, moça?
Fala, menina, que o silêncio te escuta. Canta,
que o Canto é a necessidade do céu, é a alegria
a descer sobre nós como se estivéssemos subindo
para a incessante altura.

Em teu corpo se instala a harmonia da primavera.
Sei que teu espírito, cintilante como um riso,
vai erguer-se ao pleno sol, e suscitar o espanto
do céu, do mar e do diamante.

A manhã restaura a distância das ilhas
e o céu surpreende a visão que temos do azul.
Os barcos estão prestes a partir
empurrados pelo sol e pelo sentimento de desaparição
que invade os corações de repentes lúcidos:
a lucidez de quando esperávamos
que o Grande Canto saísse de nós e nos reconquistasse
para a súbita alegria, o descanso e a viagem.

São as músicas que correm, céleres como pássaros,
e tombam no silêncio matinal. São as grandes flores que
[pela primeira vez brotam
nos campos que abrigaram à noite os namorados
[desesperados
e a saudade de outros campos perdidos em infâncias
[inalcançáveis.
É a música, é a dança, é o ritmo que
perdura em nossos espíritos, antes de ser
o claro junto à praia, os telhados que vão voar, os corpos
[fugidos da escuridão.

Desce, manhã, sobre o meu coração que palpita no ritmo
[indecifrável da noite.
Desce sobre meus olhos sedentos à espera da luz maior,
sobre minha boca, mergulhada num deserto sem palavras.
Desce sobre minhas mãos renascidas para a aceitação
[do visível e do insaciável.
Luz da manhã, sol dos tempos, azul sem corpo, desce
sobre o meu pensamento que aspira a uma ignorada
[e lúcida disciplina,

desce, estrela, sobre meus pés que jamais retornarão
[aos caminhos iniciais da infância,
raio, desce sobre meus ouvidos (a esperança da música),
[sobre as lágrimas
que não foram de ninguém, e apareceram um dia
junto a uma rosa que se desfolhara cansada de não esperar.

Fábula ou melodia? O destino do poeta,
como um grito que a infância retivesse,
sobe para o grato silêncio da vertigem do céu.
Sozinho como as bestas que outrora desafiaram os campos,
e vão morrer no chão úmido e selvagem,
sozinho como as mulheres que não se lembram mais
[de seu tempo de virgens,
sozinho como o primeiro verso numa página em branco,
irremediavelmente sozinho está o poeta.
Repitamos mais uma vez esse refrão de vaga:
sozinho como os velhos rodeados pelos risos das crianças,
sozinho como um fruto maduro numa árvore morta; sozinho
como as pedras e o azul está o poeta.
Ele está sozinho como as jovens casadas
nas noites em que seus maridos se ausentam. E sua festa
é um canto solitário que vem da terra onde outrora ficaram,
como letras de indizível alfabeto, seus passos de menino.
Em verdade, ele sabe que vai morrer. Mesmo que não seja agora,
será sempre agora, porque será um dia.
O poeta está sozinho, raro objeto ao alcance de todos.
E quando ele vai buscar no real a aliança com o tempo
escuta o clamor das coisas que não querem morrer.
O grito de uma mulher, em uma noite de núpcias, é um
[grito de quem não quer morrer.

Ninguém quer morrer, e todos morrem,
como os gritos dos colegiais nos recreios antigos, como
o rumor do mar para quem se afasta, como as festas
[de aniversário, como as terras desconhecidas tragadas
[pela Descoberta,
como o sono ao amanhecer.

A solidão só existe quando tudo nos cerca
e as coisas suspeitadas se convertem em verdadeiras.
O que fora um sórdido minuto, a queda em plena tarde,
o que fora a revelação da paisagem jamais percebida,
[as lágrimas
libertando a serenidade do rosto, a moça pedalando
[uma bicicleta,
o que fora o tempo, o grande tempo nu,
se alia misteriosamente ao absoluto. Fronteira
entre o agora e o sempre, irrompe e recorda
o sol nos primeiros caminhos, as viagens irrealizadas,
[o domínio da rosa.
E nos sentimos então jogados num território
em que temos a segurança das nuvens junto a um azul insaciável.
Somos as presas da inesperada revelação
como as jovens varadas pela agonia do primeiro beijo,
[como as mulheres diariamente possuídas
que uma noite, inexplicavelmente, choram de amor.
Clássico instante: como o desejo
de recolher num soneto toda a poesia do mundo
vem a necessidade de ser, unidade
ligada a todas as coisas.

A chuva nos arvoredos desaparecidos, as casas onde
[jamais estivemos, as pessoas
[que só conhecemos de
[retratos, as músicas que ficam
[guardadas solicitamente nos
[discos, as cartas que foram
[remetidas e não chegaram
[nunca a seus
[verdadeiros destinatários,
são, entre milhões de outros elementos, os servos dóceis
[de um instante
em que queremos criar não um verso, mas uma certeza,
pois o poeta não é apenas seus versos. Fora deles,
no inexprimível e no inarticulado, é que sua riqueza
se faz e se refaz. Não é a palavra, mas a alegria da palavra,
que lhe outorga o privilégio
de reconhecer a existência de Deus.

# Elegia Didática

Pensa nas moças mortas, que entregaram à terra um
[segredo ardentemente ambicionado pelos homem,
e nos colegiais que amam com a maior pureza as jovens
[vizinhas que os namorados levam para os grandes
[escuros da cidade.
Pensa nas crianças que jamais tomaram banho de mar, e
[sonham sempre com afogamentos,
e nas prostitutas pobres que, após a saída de seus homens,
correm para o fundo dos quintais e se entregam quase nuas
[ao inefável.
Pensa em todos os que se foram, guiados pelas estrelas,
e nos que morreram longe das famílias que os detestavam.
Pensa nos que se entregaram à morte certos de que
[nenhuma lágrima
resplandeceria na fulgurante unidade dos rostos amados.
Pensa nos que jamais ouviram uma declaração de amor
e nos pobres que não conheceram os prazeres
[destruidores das posses demoradas.
Pensa na chuva, caindo sobre os sítios hipotecados,
e nos frutos das chácaras, tocados pela euforia do sol do verão.
Pensa nos caminhos intransitáveis, fechados à oferta das viagens,
e nas pessoas que vão morrer escutando os ventos.

Curva-te à lembrança dos estranhos amigos de tua adolescência.
Recebe no fundo de tua memória as vozes que se
[prepararam silenciosamente em teu coração

durante os anos em que não te assaltou a certeza de
[estar cantando.
Aceita o movimento de cólera das palavras que se
[recusam ao teu ardente chamamento
e abre teus olhos para um domingo
que concentre a esperança de todos os dias.
Pensa nas fogueiras de tua meninice, que voltam a arder
[anualmente em tua memória,
e naqueles que não regressaram, e morreram
[misteriosamente quando se dispunham a retornar.
Pensa nos que vão nascer, inclinados para o fim de tua noite,
e nos homens que sonharam possuir a serenidade matinal
[das árvores
e passaram longas tardes caminhando junto ao oceano.
Pensa nos céus que se abrem diariamente para os aviões
e nas mulheres estrangeiras que viste em certa noite e
[às vezes aparecem em teus sonhos.
Pensa nos adolescentes incompreendidos pelos pais
que aguardam inutilmente que uma mulher os chame,
e nos livros jamais folheados, e nas lâmpadas não acesas.
Pensa nas janelas do interior, cujo maior desejo é
[abrirem-se diante do mar,
e no olhar das crianças abandonadas ao amanhecer na
[roda dos asilos.
Pensa nas parturientes mortas nas mesas dos hospitais,
longe dos maridos que não as amavam, e desejaram
[em segredo sua desaparição.
Pensa nos cães repelentes levados pelas carrocinhas,
e nos artistas populares, violentamente transfigurados
[pela inspiração
de um samba que milhões de bocas cantarão durante o carnaval.

Depois pensa nos versos que aparecem em teus sonhos
e vão reunir-se às nuvens assim que rompe a aurora.
Pensa nas lavadeiras, cantando ao sol dos morros,
e nos quadros dos museus jamais visitados.
Pensa nas bocas que nunca dominaram a volúpia
[selvagem de outras bocas
e foram envelhecendo como frutos intocáveis.
Pensa nos corações em que certo momento se sentiram
[varados pela luz do céu
e passaram o resto de seus dias em irreparável escuro.
Pensa nos desaparecidos, cujos retratos espantosos saem
[em edição final dos vespertinos
e nos suicidas que não deixaram cartas por falta de
[papel e lápis.
Pensa nas cidades que amanhecem sombrias diante
[do olhar dos viajantes sedentos de claridade,
e nas calçadas onde ninguém passa durante a madrugada.
Pensa nos túneis, escuros caminhos rasgados ao Outro Lado,
e nas escadas que nunca levaram alguém para a glória
[e o domínio.
Pensa nas camas repugnantes das pensões suspeitas,
e nos velhos que esperam sempre o sono chamado morte.

Pensa nos relógios que não marcam o dia lúcido,
e nos bichos mortos de sede, abandonados no escuro pela
[própria natureza.
Pensa nas crianças que ignoram a dádiva fugidia dos fins
[de dezembro,
o nos objetos esquecidos na areia das praias, durante
[os piqueniques.

Pensa nas personagens de romance, que seguiram o
[destino incerto de seus criadores,
e nas luas cujo clarão derruba a serenidade dos adolescentes.
Pensa nas portas que nunca se abriram para receber um hóspede,
e nos riachos infectos que desejariam ser o abrigo azul dos
[veleiros e iates.
Pensa nas mãos que sempre recusaram esmolas,
e nas meninas que os namorados depravam sem
[piedade alguma.
Depois pensa na hera que se abraça às casas antigas, num
[carinho sufocante,
e nas crianças dos velhos tempos, que nada sabiam
[do Amanhã.
Pensa nas grandes marés que vão esperar entre os
[rochedos o grito mudo das alvoradas,
e nos olhos dos cegos que sorvem a água clara das
[músicas dos realejos.
Pensa nos mortos, principalmente os desconhecidos
[mortos de guerra, que ficaram em cemitérios ilocalizáveis,
e pensa nos vivos que ignoram os cemitérios onde
[repousarão um dia.
Oh! pensa em tudo, nos horizontes calmos de teus dias de
[outrora, no frêmito que te percorre ao cair da noite
[em atmosferas estrangeiras.
Pensa em tua infância transformada em conversa, ventos
[e mangueiras explodindo ao sol
e nos seios das mulheres que vão envelhecendo sem o
[perceberem,

e pensa também nas formas dessas mulheres, destruídas
[inflexivelmente e sem que teu olhar as solicite.

Pensa em teus pais, que confiaram em ti quando eras
[apenas silêncio,
e jamais te imaginaram entregue ao voo de um verso.
Pensa em teus irmãos, em tua casa aos domingos,
e no pátio dos colégios onde acordaste para o nunca mais.
Pensa nas vezes em que passeaste sozinho pelos campos
e te voltaste para trás, na esperança de que uma mulher
te seguisse.
Pensa nas moças inacessíveis de tua rua antiga,
e nos gritos que ouviste vindos de gargantas desconhecidas,
e nas vozes que eram claras mesmo quando havia
[temporais.
Pensa em tudo e em todos, sem temer que te assalte o
[medo resultante da amplidão do passado.
Pensa em tudo e em todos, e depois que as lembranças
[se forem
voando como os pássaros e as folhas, a areia e as vozes,
cheio de confiança na vida e no mundo,
sentindo-se ligado a todos os homens e a todas as coisas,
inclina-te sobre o corpo da mulher a quem amas
ou acorda para a alegria triunfal de um só verso.

À doce sombra dos cancioneiros
em plena juventude encontro abrigo.
Estou farto do tempo, e não consigo
cantar solenemente os derradeiros

versos de minha vida, que os primeiros
foram cantados já, mas sem o antigo
acento de pureza ou de perigo
de eternos cantos, nunca passageiros.

Sôbolos rios que cantando vão
a lírica imortal do degredado
que, estando em Babilônia, quer Sião,

irei, levando uma mulher comigo,
e serei, mergulhado no passado,
cada vez mais moderno e mais antigo.

## Ode ao Crepúsculo

Como planejaste o sublime!
E um caminho
te conduz a uma igreja onde poderás cobrir teu rosto
[de cinza,
ó desengonçado boneco do carnaval anterior.
Sobre tua cabeça, no momento em que a abóbada
[desaparece, estará o céu,
e as nuvens que se nutriram de teus cabelos, e a bruma
[seca pronta para buscar na
[borracha de teus sapatos o
[caminho dos voos cegos.
Se a chuva cair, caminharás pela rua como uma
[aparição grandiosa,
irás visitar no necrotério as tuas namoradas da tarde,
irás pelo rio numa iole, ou pálido dentro de um fole,
e no mira, miradouro,
mirarás o miramar.

As naves estão desertas. As naus
partirão enfim, levando-te para as povoações
do vir-a-ser, do outro que há em ti, e beberás
a água adivinhada. O córrego do sítio de tua infância,
entre canções e empurrões, te ofertará
a água purificadora.
Te banharás então no último desastre.

Sol de inaudita harmonia irá cobrindo
a falsa precisão de teus olhos abertos.
No horizonte de tuas têmporas, entre folhas que voam cegas
e pássaros azuis que se esqueceram de que não podem
[ser explicados entre duas palavras,
o desastre te compõe, num oeste de cristal,
e idílios minuciosos, e pavimentos de rosas.
Que torso buscaste, na luz da cornija? Que fantasmas
de rica presença e mistérios distribuídos?
Que estrelas vieram sobre tua mesa no momento da queda,
na terra de oferta e cultivo? Este clarim,
mais que fanfarra de pássaros, bem poderia ser
a ordem de teu regresso ao quartel das renúncias. Morto
de morte natural irrecusável, com atestado de óbito,
[pés juntos e mãos sobre o peito,
ficarás ainda em face de dois caminhos. Podes apodrecer
[sobre a terra,
indiferente aos gritos minerais que surgirão de tua
[ausência,
ou voarás para o céu, pisando com os teus sapatos de
[névoa e fúria a rua ilimitada
de países celestes.
E mesmo que te hajas extinto entre lágrimas e promessas,
e intervenções cirúrgicas, e destruição de farmácias, e
[erudições custeadas sobre teu leito,
transportarás em ti, como herança de um passado
[indecifrável,
a sensação de um desastre e da surpresa.
Até as mortes demoradas são súbitas no céu
de pluma, brisa e levante.
Canto este pôr do sol...

Ao crepúsculo, canto esta vida mesquinha. Canto os bondes
no mistério dos trilhos, canto os automóveis
nas ruidosas pistas da morte, canto os ônibus
que passam sem transportar os fugitivos privilegiados, canto
[os aviões
que a torre de controle atrai para a melancolia da terra,
[canto os anúncios
como o seu efêmero feérico e sua carícia comercial na
[escuridão.
Canto e procuro nesta impureza o que brilha no centro
[do diamante
sem consumi-lo ou desfigurá-lo. Algo se oculta entre estes
[gritos e músicas
e existe sem gesto, movimento ou palavra, e ergue-se para
[o espaço
sem que possamos captá-lo. Algo existe para ser atingido
[e superado
quando sentes que estás vivendo um sonho de antigamente
e por mais que apertes a campainha tua porta não se abrirá.
Canto este crepúsculo. Canto-o com uma alegria
[desmesurada
que fomenta vertigens, e ampara raios, e atinge o céu
[com as mãos.
Mais alto que a morte, canto este crepúsculo que desce.
E a noite que vem, antes de ser noite, é minha.

## Balada Insolente

Ao amor, como ao banho
deve-se ir nu
levando-se contudo
cálcio e Poesia.
E deve-se exigir
mais que a morte,
a vida; movimentos
livres e respiração.

Que, neste momento,
a Poesia seja
riso e não lágrimas.
Nunca assaz louvada,
que ela esteja sempre
a serviço da vida
sem trair os homens.
Poesia e cálcio.

Ao amor, que tem tudo,
deve-se ir sem nada,
levando-se no entanto
provisões de hormônios
até mesmo no olhar.
Na noite higiênica
o vento balança
grandes flores: cálcio.

# Canto

A beleza não aprende a ser bela
e vive de ignorar
que o tempo a espreita sem a ver.

Antigamente nossos pais nos levavam para ver no campo
a madureza da fruta.
E no seixo que jogávamos no meio do rio,
cristal de impiedade, se espelhava a vida.

A beleza nada aprende
e ser é o seu segredo
- se você acender a lâmpada da sala,
até a varanda ficará clareada.

A beleza não aprende a morrer.

Não nos comunicamos com os corpos,
nossa parada é jogada com as almas.

As cortinas esvoaçam, nutrindo-se de noroeste
e as formigas preferem jantar os mortos.

A beleza quer sempre ficar acordada.

Sempre evitamos o conforto dos abismos.
Por isso são brancas as mortalhas
com que nos cobrimos na hora de dormir.

A beleza não concorda em morrer

A beleza não concorda em morrer
e morre
como os antigos deuses, Ágata, que exaltaram a vida,
como os modernos deuses que insistem em apregoar a
[conveniência da morte.

## Vogante

Mirante da música,
a tarde nos leva
aos seios secretos
do Amor.

Ao rastilho n'água
as águas se abrem,
sal e sulco à espera
da Noite.

Não queremos isso
mas a vida é avara.
Ri da juventude,
sem pena.

Assim vamos vagos
e assim vamos virgens
comparsas do mar
vogante.

Somos tão simpáticos,
tão cheios de nós,
e a vida nos larga
a sós.

Falece-nos ter
olhos rasos d'água.
Falta-nos sofrer
à larga

para que ela, a vida,
nos aceite, humanos
refugos da glória
que amamos.

# Soneto Puro

Fique o amor onde está; seu movimento
nas equações marítimas se inspire
para que, feito o mar, não se retire
das verdes áreas de seu vão lamento.

Seja o amor como a vaga ao vago intento
de ser colhida em mãos; nela se mire
e, fiel ao seu fulcro, não admire
as enganosas rotações de vento.

Como o centro de tudo, não se afaste
da razão de si mesmo, e se contente
em luzir para o lume que o ensolara.

Seja o amor como o tempo – não se gaste
e, se gasto, renasça, noite clara
que acolhe a treva, e é clara novamente.

# Investida

Teu argumento, moça, faz com que eu abandone os livros,
[o corpo a corpo com a
[sabedoria, e saia contigo pelo sítio
aprendendo a linguagem da chuva, a passarinhagem
[irresponsável e o travo selvagem das frutas.

Teu braço me mostra o vento nas goiabeiras – as
[melhores rimas
e teu olhar descobre definitivamente o farol que em plena
[manhã
se recomenda à gratidão dos arrecifes, das canoas, dos
[penhascos e das proas.

Estou contigo. Nem Homero me levará mais
para a libertinagem da imortalidade. Aqui os clássicos se
[dissolvem
nos papagaios que as crianças soltaram no céu
para lutar com os albatrozes.

Sei agora, moça, que meus pés nus na areia
estão pisando o chão da Descoberta.
Já não preciso de versos para saber que estou vivo.
Estou caminhando entre as árvores sem nenhum
[compromisso.

# O Ofício de Viver

Vou sempre além de mim mesmo
em teu dorso, ó verso
O que não sou nasce em mim
e, máscara mais verdadeira
do que o rosto, toma conta
de meus símbolos terrestres.
Imaginação! teu véu
envolve humildes objetos
que na sombra resplandecem.
Vestíbulo do informulável,
poesia, és como a carne,
atrás de ti é que existes.
E as palavras são moedas.
Com elas, tudo compramos,
a árvore que nasce no espaço
e o mar que não escutamos,
formas tangíveis de um corpo
e a terra em que não pisamos.

Se inventar é o meu destino,
invento e invento-me. Canto.

## Soneto Campestre

Talo de planta, falsa primavera
na terra clara, junto às brancas árvores.
Pantera feita d'água e de relâmpago,
a chuva cai, tornando o tempo célebre.

Repartida na fúria e na indolência,
a vida é vegetal, cresce entre as pedras.
Vejo o dia de todas as janelas
e há árvores azuis em toda parte.

Sou de pedra sonhando o panorama
similar às savanas saqueadas
por mim, em meus passeios de menino.

Naquele tempo tudo era possível.
Orgulhoso, silente e sem linguagem,
eu era a natureza. Eu me inventava.

# A Janela sem Traves

O que os aviadores veem
a três mil metros de altura
o que os mineiros veem
derrubando árvores de cristal
o que os escafandristas veem
dentro do mar, pisando a terra como quem pisa uma flor,
o que o cego vê quando está caminhando
o que as crianças julgam ver dormindo
o que os sonâmbulos veem, ante uma pia gotejando,
o que se vê quando o amor é um abraço
o que se vê e o que não se vê
é o que estou vendo agora
como se em tua mão houvesse uma moeda
de coroa escondida
e no céu os lados ocultos dos planetas se revelassem.

Vejo o mundo com os olhos feridos pelas estrelas
e os pulsos queimados pelas estações.
No quarto em que durmo, ouço o rumor de antípodas
[acordados
e trópicos resvalam, perpendicularmente, sobre minhas
[pálpebras
quando há sol apenas no meu sono.

Durmo no centro do universo, e minha inocência é enorme.
Como o jovem amante escravizado à hidráulica de um
[corpo nu
assisto ao movimento das estrelas e à correria das nuvens
e meu espírito festeja este mundo infinito, que jamais
[se iniciou e jamais terminará,
este mundo de que o universo à noite contemplado é
[uma poeira
como um dia que chorasse nos ombros dos séculos.
O que os vivos veem e não esquecem
o que todo homem lembra, a vida inteira,
é o que estou vendo neste instante.

## Poema de Natal

Este será meu Natal:
mel bebido em cordilheira,
pista errada! Profundeza
de urna e clarão, e orelha
surda aos tambores do vento.

Contemplei uma sequoia
na floresta; retardei
o fogo no campo nu
como o beijo em tua espádua.

Este será nosso Natal:
a volta à cicatriz da vida inteira,
a canção que te exalta, o freixo puro
das palavras de amor.
Como as rosas, que progridem através dos séculos
e são eternamente inéditas cada manhã
- tão jamais vistas que às vezes mal as reconhecemos –
é tua flor de hoje, meu amor.

A liana que enlaça os minutos
não voltará a perturbar-nos.
Pólen que a água transporta,
canoa em planetas de chuva,
pá de relâmpago nos céus,
tudo isso é nosso. É Natal.

As nossas vidas, um dia
irão até as fronteiras
das solitudes extremas.
Entre esses polos, a vida
bebe as lágrimas do mundo.

Ficaremos sempre bêbedos.
Cantaremos junto ao mar.
Dançaremos nos terraços
sob os archotes das horas.
Gritaremos! Saltaremos!
E depois desmontaremos
a máquina do Natal.

## A Beleza da Terra

Como as costas de um anjo caído,
assim te vejo, terra natal.
Das gargantas de sono e solidão, saúvas despertas,
[chuvaradas e estios,
vens, doce terra perdida e recobrada
com tuas ilhas verdes entre canais
e canoas, navios, palmas, praias.

Longe mudado em perto, como todos
os longes verdadeiros.
Ó longe que é da Terra, como em pão se mudam as
[farinhas.
Existo na distância, e meu olhar
bebe a sombra de luas e invernias.

## A Morte nos Rios do Brasil

Vi-me afogado num rio que não era o rio das mortes.
De arrastão e enfim tranquilo, a onda viva me impelia
à foz do rio das almas, rio sujo, rio turvo.

Rio acima, rio abaixo, eu ia, serenizado,
e me levava, católica, a força do rio dos santos,
pelo rio principal, onde a noite se ocultava.

Me levava para longe o bofetão do rio do sul,
rio do gado, rio do sal. E minh'alma de afogado
que, tendo o mar, preferiu sofrer de morte salobra

sem ver pai e sem ver mãe no momento do trespasse
e sem ver, alucinada, a cara do meu amor,
foi se deitar, surpreendida, no impalpável regaço.

Há águas demais no mundo, rio bonito – águas demais!
Lancha no mar quer maré, corpo no mar quer perder-se
nos doces canaviais onde a morte enleia os braços.

São poucos os afogados, rio da várzea, rio do fundo.
São poucos os desgraçados, achados, descomunais,
nos areais deste mundo do Brasil cheio de rios.

# Soneto Retardado

Cantei tanto que os pássaros caíram,
as estações mudaram junto às fontes,
nos céus habituais chuvas mentiram
à fome das lavouras e dos montes.

Cantei demais. Minhas canções partiram
como suicidas vindos de altas pontes.
Ante a voz inaudita, sucumbiram
de emigração os pés, de sonho as frontes.

E mais alta que as torres, faz-se a vida
a alvenaria que na terra planta
das mágoas os pungentes edifícios.

Em cada voz achada, a voz perdida
dos países peremptos vem e canta
minhas dores viradas artifícios.

## A Moradia

Se a chuva mora no céu
e o arrependimento na alma
terás que habitar em mim
como a chama da fogueira.

Mora o orvalho no capim
e o sangue mora nas veias.
Terás que habitar em mim
como o dia na paisagem.

Se a valsa mora na música
e o amor em toda parte
se os galos moram na aurora
terás que habitar em mim.

Mora a viagem nos navios
que vão por águas sem fim.
Reside o tempo nas horas
e as ilhas moram nos mapas.

Tu que és clara como as águas
ao passarem sob as pontes
e voas como os instantes
nos encontros amorosos

tu que passas como os autos
pelos asfaltos molhados
e deslizas como as folhas
fulminadas pelo outono

e atravessas o meu peito
como o punhal da Beleza
e te hospedas no vazio
como os anestesiados

terás que habitar em mim
na moradia sem portas
onde eu me consumo e gasto
dando calor, vida e forma

a estas palavras mortas
que são as telhas e os caibros
– terás que habitar em mim –
de tua casa, Poesia!

# Soneto Noturno

Abro as portas do céu e vejo Andrômeda
iluminando os meus estratagemas.
Respiro-me na glória de estar só
enquanto a aurora nasce em meus poemas.

Meus milênios dissolvem-se no pó
de minhas mãos mudadas em algemas,
e o tempo entronizado sai da mó
que transforma as austrálias em diademas.

Ó égua de cristal chamada hora,
brisa de incalculáveis evidências
que corre sobre mim, desembestada,

equiparai-me ao ser que sonho agora,
fazendo-me viver das exigências
onde a vida real é imaginada.

## Necessidade de um Paraíso

A beleza vai-se embora, como o orvalho e a estrela-d'alva, e
fica a mulher parada, em seu silêncio de morte.

Luz do princípio do mundo, quando a inocência era dom,
ilumina esta mulher, devolve-lhe o paraíso,
torna-a igual ao seu passado, semelhante a quem se ergue
bela e ungida pela brisa das claridades imóveis.
A toda mulher no mundo e a toda mulher na vida,
devolvei, Deus, a inocência do paraíso perdido.
De seus rostos que são astros em noturnas rotações
livrai o suor e a poeira. Que em seus cabelos não brilhe
o so branco da velhice, e suas mãos não vacilem
como chamas quase extintas, e suas vozes não percam
esse timbre matutino que mesmo nas horas sórdidas
às mulheres dá o encanto de inocência e de mistério.

Ar saudável da criação, torna duros como os dias
os seios dessas mulheres. Sempre frontais, como a vida,
saibam ficar inclinados tal cabeças sonolentas
nos regaços presumidos. Húmus dos vales primeiros,
lama fertilizadora dos mundos originais,
sujai os pés das mulheres como quem os purifica.
Libertai-os dos caminhos que as mães nunca imaginaram
trilhados por suas filhas. E tu, água inaugural,
verde semente dos mares, furor dos céus oceanos,
limpa os corpos femininos com tua rajada fria
e, onde tocares, se instale uma juventude eterna.
Tudo seja belo e claro como a aurora no planalto.

Tenha o joelho da jovem a cega ciência das molas
e, na guarda do estuário, sejam as coxas os fortes
que garantem o marulho de tão sombrias antilhas.
E no ventre, onde se move, enchente e vazante, a vida,
se deposite a onda viva das modelações perenes.
Brisas, quebrai os espelhos se a primeira luz do mundo
não se cumprir no milagre da juventude perpétua.
Que elas nunca se contemplem nos cristais a realidade
se o sopro do paraíso não cair sobre seus corpos.
No eterno fluir da vida, o permanente se encrave
sob a ideia da Beleza, que as estátuas sucessivas
proclamassem, como flechas, contra o céu de insanidades.

Iniciador das formas, vede a beleza criada
repetida nas mulheres como as ondas se repetem
e sempre são outras ondas, e sempre são águas novas.
Olhai o mortal silêncio desta mulher transtornada.
Fosse eu Deus, como sois Deus, ponto de todas as linhas,
e suprimiria o tempo. O instante estacionaria
em seus começos totais, antes que houvesse maçã
na árvore do paraíso. Fosse eu Deus, minha senhora,
sem ontem, hoje ou amanhã, infenso ao clamor das
[vésperas,
e vosso corpo seria como o de Eva na inocência
quando ela saiu formosa, rorejante de alva e sono,
da suplementar costela do pai de todos os homens.

# Monólogo Entre Setas

Antigamente amei, e contemplei o absurdo
como alguém se mira num espelho que não vê
ou uma quilha de navio, ao entrar na baía,
desorienta um cardume de peixes.

De tanto amor amado, ficou um barulho cada vez mais fraco
igual a um rumor de casa pela manhã
ou aos motores de um avião na névoa, sobrevoando uma
[cidade.
E era um amor grande como a eternidade vista do tempo.

Nada me comove agora, nem a paixão bebida entre
[relâmpagos.
Sou perpendicular ao tédio, imito um remo fixo n'água.
No vaivém da vida, a canoa balança, os céus resplandecem
e, insensível à dor, como uma pedra, evaporo-me nas águas
[abstratas.

# Soneto ao Tempo

Por ser tempo, é que o tempo não me basta
e se escoa, cantante, pelas margens
da vida feita de água que o arrasta
para o mal-entendido das viagens.
E leva tudo em seu roldão, deixando
perdido o tempo achado, como a fonte
se perde no existir, e vai cantando
entre as pedras e os bosques do horizonte.
Quadrante do real, ó velho espelho
dos dias, debruçado em ti, me vejo
igual e diferente, moço e velho,
sonho a que me assemelho no desejo.
E o tempo, eternidade decaída,
é meu contemporâneo, sendo a vida.

## Um Brasileiro em Paris

Virei-me para ver a intrusa
na própria fonte dos postais
e vi a musa horizontal,
ela somente, e nada mais.

Não quis subir, ó Torre Eiffel,
ao teu aéreo pavimento
e ver surgir a feminina
cidade na proa do vento.

Filha da linha da viagem
era aquela tarde em Paris.
A muda matilha das águas
levava as pinturas do dia.

Festa na mesa do horizonte
eis a paisagem que eu fitava:
pontas de estrela, arcos e flora
postos na terra, entre as estátuas.

Da fonte vazada nos ares
manava o presente maduro
e o exílio de agora lançava
a sombra do exílio futuro.

Submissa às nutrizes celestes,
a luz, metáfora do dia,
desfez-se no ar. Diante de mim
suprimira-se a alegoria.

Do real à metamorfose,
caminho de inversa magia,
eu chegara e fora, e restava
o silêncio, severo guia.

Forma vazia do vazio,
sem povoação de palavras,
eu me seguia, como um rio
segue o rio, oculto nas águas.

Era o céu a pura estrutura
do nada, perfeito em si mesmo,
e a terra a figura de um jogo
que me fixava, imóvel, a esmo.

A sombra da tarde cobria
a minha aventura domada,
fera inativa que buscava
a selva na jaula fechada.

A minha vida era infinita
junto às portas de ouro da tarde.
Do silêncio, insensato guia,
restava eu mesmo, sem alarde.

# As Iluminações

Desabo em ti como um bando de pássaros.

E tudo é amor, é magia, é cabala.
Teu corpo é belo como a luz da terra
na divisão perfeita do equinócio.

Soma do céu gasto entre dois hangares,
és a altura de tudo e serpenteias
no fabuloso chão esponsalício.

Muda-se a noite em dia porque existes,
Feminina e total entre os meus braços,
como dois mundos gêmeos num só astro.

## Retrato de Uma Aldeia

É apenas uma aldeia de pescadores, junto ao mar.
Ao sol, iluminam-se os laranjais.
No verão, laranjas caem maduras na areia da praia,
[misturam-se aos seixos e às conchas
enquanto as crianças se aventuram no mar
e as mulheres vão buscar água, os púcaros à cabeça.
Homens, cenário e animais integram-se no ar da manhã.

Antes que tivessem descoberto a redondeza da terra
essa aldeia existia, com sua igreja e seu cemitério,
os artesãos voltados para o oceano, a cal de suas casas,
[e seu ar que cheira a flores
e as estrebarias sob a neve.
À noite os casais se amavam gravemente, sensíveis ao dever
de procriar novas figuras para a paisagem.

Do mar, os homens tiram o sustento, cavando as ondas
[com redes que ao anoitecer se estendem na praia
no momento preciso em que, junto às severas portas,
[jovens mulheres deixam de fiar.
As crianças se aproximam para ver os frutos do mar
e fitam as estrelas marinhas e a agonia dos peixes
que, nos pratos, se unem ao azeite, ao vinho
e às conversas familiares.

É uma aldeia, com suas cabras em colinas de pedras.
À noite, sob as constelações, não se vê o mar nem as
[oliveiras.
Uma lanterna, junto a uma janela, ilumina uma sala.
Em torno de uma mesa, um casal de velhos dormita, um
[homem canta e bebe vinho
e uma mulher oferece a uma criança a dádiva de
[um seio nu,
um seio belo e antigo como a Europa.

## Soneto dos Trinta e Cinco Anos

Estou além da morte, como os mortos.
Nesta absurda aventura sem sentido
que é a vida, e o seu vento desvivido,
sou antes dos navios, como os portos.

Escrevo-me direito em versos tortos.
Quando erro, é na esperança; e até mordido
pelo dente do tempo, e envelhecido,
imagino-me verde como os hortos.

Na lágrima ostensiva guardo o sol
do júbilo perdido, como o rogo
de amor entre os lençóis, nas noites frias.

E o que era ledo engano hoje é farol,
na existência que os prantos e alegrias
livraram do fungível, com o seu fogo.

## Nenhum Anjo

Que anjo escreveu no papel
diante de mim, esta manhã?
Nenhum anjo entrou pela porta
ou desceu pela telha vã.

Nem de vista nem de chapéu
conheço o sobrenatural
sócio com direito à metade
de minhas minas de cristal.

A suspirante divindade
não tem em mim seu porta-voz.
De nenhum rio celestial
eu me proclamaria a foz.

Não me causa a menor espécie
a serviçal cosmologia
que outros sepulta em sua noite
ou ilumina com seu dia.

Conheço a múmia soterrada
no Egito sem nenhum segredo
onde os arcanos, violados,
a ninguém mais inspiram medo.

Neste universo de evidências
seria uma coisa sobrante
um anjo, que mora tão longe
e sempre tem um ar distante.

É nas minhas fontes totais,
tal o vinho nascido da uva,
que me fabrico. Sei de nuvens
que juntam a água desta chuva.

Pois de nascentes desoladas
é o que surge, para o papel,
o dia escrito em celulose,
sol raiante num negro mel

que ora é fuligem dos navios
tornada tinta, ou secreção
de mil abelhas em colmeia,
amor ferido, e emulação.

E no papel faz sua cama,
e entre lençóis faz seu arranjo,
o hieróglifo que não é letra
da cartilha de nenhum anjo.

## Soneto do Empinador de Papagaio

A nada aceito, exceto a eternidade,
nesta viagem ambígua que me leva
ao altar absoluto que, na treva,
espera pela minha inanidade.

O que sonhei, menino, hoje é verdade
de alva estação que em meu silêncio neva
o inverno de uma fábula primeva
que foi sol, cego à própria claridade.

Na hora do fim de tudo, separados
fiquem os dois comparsas do destino
que sabe a cinza após o último alento.

E a morte guarde em cova os injuriados
despojos do homem feito; que o menino
empina o papagaio, vive ao vento.

## Notícia do Sábado Magro

Bailemos todos, que a noite
dura apenas um suspiro,
e só temos um minuto
para gastar nossas vidas.

Bailemos. Benditos sejam
cegos, loucos e mendigos,
que, embora não bailem nunca,
vão ganhar o Paraíso.

Tudo agora se assemelha
ao sonho de nossa infância:
entre fanfarras e gritos,
máscaras em negro e branco.

No turbilhão dos bailantes,
benditos sejam os palhaços
que não foram convidados
para este sábado magro.

E também sejam benditos
as cartomantes e os mágicos.
Bailemos todos, que a vida
não passará deste sábado.

No império do calafrio,
benditos sejam os amantes,
bêbedos e saltimbancos.
E bendita seja a infância.

Bailemos: a vida é breve.
Cantemos: a saia é leve.
Bebamos: é de cevada
o sonho de nossa treva.

Uma nova fantasia
à luz purpúrea se talha.
No escuro já se costura
nossa futura mortalha.

# A Meta

Joguemos fora os nossos corpos
que se tornaram licenciosos.
Fiquemos só com as nossas almas,
entes abstratos e radiosos.

Guardemos apenas o eterno
que tudo o mais é escória efêmera.
Aspiremos ao absoluto.
Quanto ao resto, não vale a pena.

Os corpos que amam e desamam
e se enroscam, flexuosamente,
no branco universo das camas,

são os embrulhos sucessivos
de nossas almas exigentes
que só aceitam o Paraíso.

## O Cavalo

No campo matinal
um cavalo assediado
pelo zumbir das moscas
mastiga avidamente
o capim do universo.
Os insetos volteiam
no anel azul do mundo
- esfera sem passado
nos ares momentâneos.
Não há mitologia
espalhada na relva,
que é verde, sem caminhos,
longe das longes terras.
E o cavalo sobrado
da inenarrável guerra
e da paz defendida
à sombra das espadas
mata a fome no campo
onde não jazem mortos
nem retroam clarins.
Sua crina estremece.
E seus cascos escarvam
a plácida planície
coberta pelos pássaros.
Já sem fome, relincha
para os céus que não guardam
as fanfarras e flâmulas
e a fumaça da História,
e se muda em estátua.

## LIRA

Tu não verás, Marília, mil sequoias
na paisagem madura, nem o céu
que cobre o fluente gêiser com a roxa
    aurora de seu véu.

Não verás pelas terras de lavrança
o sulco dos tratores musicais,
nem a abelha que busca a flor marinha
    escutarás jamais.

Não verás a manhã abrir-se como
um portão entre pálpebras, e o dia
a perlongar nas penhas da paisagem
    do rio a melodia.

Tu não verás a rosa abrir-se toda,
espessura e papila, no central
horizonte das sépalas, rendida
    a mucosa nupcial.

Mas verás, no silêncio de astros mudos,
luzir ao sol a estrela dos amantes
e a corola de vozes nos pomares
                e a lira dos instantes.

Enquanto lá nas léguas das alturas
voejaram aviões, teu pensamento
irá mais alto ainda, ave guiada
por um celeste vento.

No prado de papel e de madeira
negras imóveis moscas zumbirão.
De pé no chão de nuvem ouvirás
a cativa canção.
E verás que o universo cabe inteiro
no espaço que separa dois segundos,
no rio entre dois seios, na porteira
estelar de dois mundos.

## Primeira Lição

Na escola primária
Ivo viu a uva
e aprendeu a ler.

Ao ficar rapaz
Ivo viu a Eva
e aprendeu a amar.

E sendo homem feito
Ivo viu o mundo
seus comes e bebes.

Um dia num muro
Ivo soletrou
a lição da plebe.

E aprendeu a ver.
Ivo viu a ave?
Ivo viu o ovo?

Na nova cartilha
Ivo viu a greve
Ivo viu o povo.

## Meu Nome É Multidão

Ando sempre seguido
por vozes e cartazes

e minha mão segura

uma ficha com um número
de ordem e chamada.

Ninguém sabe o meu nome.

Vem de um alto-falante
uma voz sem garganta

que me mantém anônimo.

Entro em fila até para
tomar banho de mar

ou morrer no hospital.

Sou uma simples ficha
na rua ou no guichê.

Uma ficha vermelha

sob o sol inquebrável
de minha solidão.

Ao contemplar o boeing

sou sem rosto e sem nome.
Quando o patrão me paga

as máquinas me somam.

Num trem, rumo ao subúrbio,
subo e desço num gráfico

sobre dormentes podres.

Quando entro no cinema
ou a polícia me algema

onde quer que eu esteja

no sonho ou no mercado
sou simples estatísticas

tíquete, chapa ou ficha.

(O choro do berçário
e o não do plebiscito

não passam de algarismos.)

Meu nome é multidão
muito embora figure

na minha certidão

de idade um tal João
com sobrenome e tudo.

(Esse tudo que é nada

coisa imensa e insondável
e rival do céu mudo.)

Com a ficha na mão

paro no protocolo.
Mostro o cartão. Peroro.

Provo que sou humano.

Pago, recebo e como
e amo, odeio e choro.

Chego a fazer ginástica

que o ar da minha graça
é de matéria plástica

enquanto o alto-falante

me chama em toda a parte
por meus diversos nomes:

Ficha azul! Dezessete!

E, na fila do mundo,
um número entre números,

avanço, logo existo.

# Aula no Domingo

Ivo viu a neve.
Ivo viu a nave.

Ivo viu a ave
mais leve que o ar.

Viu a belonave
sozinha no mar.

Ivo viu a abelha
fabricando mel

e escutou a ovelha
balir no vergel.

Ivo viu a moça
colhendo a romã

e depois o tempo
saltar como rã.

Ivo viu a festa
debaixo da ponte

e ouviu na floresta
a canção da fonte.

## Perguntas

- A neve é leve?
a greve é breve?

Pergunte ao almocreve.

- O pão é puro?
O chão é duro?

Pergunte ao João.

- São coisas iguais
salário e trabalho?

Pergunte ao operário.

Pergunte à garganta:
- Gritar vale à pena?

A resposta, rouca:
- Quem cala, consente.

## A Marmita

Em sua marmita
não leva o operário
qualquer metafísica.
Leva peixe frito,
arroz e feijão.
Dentro dela tudo
tem lugar marcado.
Tudo é limitado
e nada é infinito.
A caneca d'água
tem espaço apenas
para a sua sede.
E a marmita é igual
à boca do estômago,
feita sob medida
para a sua fome.
E quando termina
sua refeição,
ele ainda cata
todas as migalhas,
todo esse farelo
de um pão que suasse
durante o trabalho.
Tudo quanto ganha
o operário aplica
como um capital
em sua marmita.
E o que ele não ganha
embora trabalhe
é outro capital

que também investe:
palavra que diz
em seu sindicato,
frase que se escreve
no muro da fábrica,
visão do futuro
que nasce em seus olhos
que só com fumaça
se enchem de lágrimas.
Em sua marmita
não leva o operário
o caviar de
qualquer metafísica.
E sendo ele o mais
exato dos homens
tudo nele é físico
e material,
tem seu nome e forma,
seu peso e volume,
pode-se pegar.
Seu amor tem saia,
pelos e mucosas
e, fecundo, faz
novos operários.
As coisas se medem
pelo seu tamanho:
sono, mesa, trave.
No trem ou no bonde
nenhum operário
pode se espalhar
sem fazer esforço.
É como no mundo:
- tem que empurrar.

Vasilhame cheio
de matéria justa,
sua vida é exata
como uma marmita.
Nela cabe apenas
toda a sua vida.
E não cabe a morte
que esta não existe,
não sendo manual,
não sendo uma peça
de recauchutar.
(Artigo infinito,
sem ferro e sem aço,
qualquer um a embrulha
sem usar barbante
ou papel almaço.)
Fabril e imanente
o operário vive
do que sabe e faz
e, sendo vivente,
respira o que vê.
O tempo que o suja
de óleo e fuligem
é o mesmo que o lava,
tempo feito de água
aberta na tarde
e não de relógio.
E a própria marmita
também é lavada.
E quando ele a leva
de volta pra casa
ela, metal, cheira
menos a comida
do que a operário.

## A Quem Interessar Possa

Todos os temas são iguais
e têm o mesmo peso na balança.
O choro da criança e o sinal apagado,
o meu amor e o clamor dos comícios,
a poupança e o desperdício,
a brancura da fronha nupcial
e uma mancha de vinho na toalha
- tudo se equivale
no campo de batalha.

## O Rei Midas

Tudo quanto tocas,
vês, ouves e sonhas,
falas, cheiras, cruzas
transforma-se em ouro.
O teu nome é Midas.
Passas pela vida
num carro dourado,
tua carruagem
de rei sem coroa
que leva outro rei
na sua barriga.
Teu suor é moeda
onde está gravada
a efígie de César.
Sem nenhum desdouro
em ti tudo é ouro.
Mesmo a maleável
lágrima que vertes
no enterro de um sócio
sendo de latão
muda-se em ouro
ao cair no chão.
Vales quanto pesas
e teu peso é ouro
(embora se diga
à boca miúda
que não vales nada).
E é a peso de ouro
que compras a vida
e alugas o amor:

teu esperma é de ouro
se é verdade que
ainda dás no couro.
Teu nome vale ouro
nos bancos, nas fábricas,
nos meios políticos.
Teu ouro derruba,
faz subir, elege,
nomeia e demite.
Faz abrir as portas
de qualquer palácio.
Faz fechar as portas
de qualquer meiágua.
Midas é o teu nome.
Após o jantar
na pérgula o teu
pesadelo é um
sumidouro de ouro.
Sonhas que é barata,
mosca, percevejo,
jurados de morte
pelo inseticida
do teu monopólio.
Às vezes nem sonhas:
dormes como um justo
ao preço de custo
coberto de glórias
e de borborigmos.
Teu pijama é de ouro
com listas de prata.
E quando é verão
uma pulga de ouro
astuta e acrobática

consegue sugar
algo de teu sangue
azul e dourado.
Sempre acordas cedo
e o teu desjejum
é café com ouro
(ou café com leite).
Abres o jornal
e catas logo o
mapa do tesouro:
cotações da Bolsa,
cotação do dólar,
cotação de tudo
que se muda em ouro
e vira cifrão.
Às vezes te irritas
com certas notícias:
casos de polícia,
coisas ostensivamente subversivas
e de mau agouro.
Dás um beijo de ouro
em tua filantrópica consorte
e nos jovens príncipes
sempre fatigados
do eterno trajeto
entre a praia e a boate
e vais, como um touro,
para o teu trabalho.
E embora se diga
que és muito sovina
distribuis bom-dia
como um perdulário.
No teu escritório

Rei Midas, governas,
monarca que muda
em ouro a existência
através de gestos
e de cabogramas.
Rei refrigerado
que controla indústrias
leves e pesadas
dirigindo o rumo
não só dos navios
como das boiadas.
À loura estenografa
de seios dourados
e dourado púbis
dás as tuas cartas:
ordens de vender,
ordens de comprar,
ordens de alugar
e outras providências
entre a cifra e a safra.
Não descansas nem
mesmo quando almoças
(estás de regime)
no clube o teu frango
que já vem dourado.
Conversas, te informas,
fazes transações,
trocas impressões
(sempre é uma troca).
Finda a sobremesa
- o pêssego é de ouro –
e após o café
que é com sacarina

regressas ao teu
mundo b(o)urocrático.
E ao cruzares, no
mormaço amarelo,
a zona bancária
testas se descobrem
e rostos se inclinam
religiosamente
à tua passagem.
Como um transatlântico
passas o canal
mais que competente
do metal sonante.
De novo em teu trono
lês correspondências,
abres relatórios
sobre investimentos,
vês letras de câmbio
dançarem nas horas
como bailarinas
e a tarde se muda
numa chuva de ouro:
os proventos do
dia cego e puro.
E sobre a cidade
desce lentamente
tua noite de ouro.
E no último andar
de um arranha-céu
- no teu miradouro –
segues os insetos
da noite-operária
e escutas as trevas.

Ouves os besouros
rodeando as lâmpadas,
bois nos matadouros,
e vês como escorrem
nas ruas de vidro
nas praças de couro
as fezes do povo.
Um argueiro de ouro
entra no teu olho.
Cantam hidrelétricas
ocultas na treva.
Debaixo da terra
linhas telefônicas
cruzam-se em surdina.
E tudo, na noite,
torna-se oficina
de um trabalho imenso
de ourivesaria.
Quem dorme ou vagueia
está trabalhando.
E o rei Midas fura
a treva-baralho
de onde sai cuspido
um valete de ouros.
E é de ouro o turboélice
que atravessa o espaço.
O mendigo mudo
tem úlceras de ouro.
Anúncios, tapumes,
estátuas, jardins,
sereias, fornalhas,
tudo é feito de ouro
do lavor mais fino.

Se o rei Midas toca
na folha de uma árvore
logo a pobrezinha
se torna dourada.
Não se pode nunca
fugir ao contágio:
um toque de Midas
tem ágio e deságio.
Se o rei Midas fala
em qualquer miséria
esta logo vira
miséria dourada.
E os cavalos do
seu haras só correm
quando a tarde é de ouro
(o ouro do crepúsculo).
E quando o rei Midas
arremata um broto
no leilão da vida
ao tocá-lo, torna-o
muito mais valioso:
túrgido tesouro
de nádegas de ouro.
Quando vai ao teatro,
Midas faz questão
de ópera que tenha
cantor com voz de ouro.
Só crê na justiça
com ouro de lei.
E, sendo católico,
só reza com os olhos
voltados para um
crucifixo de ouro.

Segundo o rei Midas
o que não é de ouro
não vale nem mesmo
o que o gato enterra.
Tudo deve ter
o seu lastro de ouro.
Soneto só presta
(papagaio louro!)
tendo chave de ouro
no bico dourado.
A morte só vale
se o cliente leva
para dentro da
jazida que é a terra
ouro em seu caixão.
Assim é o rei Midas,
varão de Plutarco,
varão plutocrático,
personagem aurífero
e magnificente
destes áureos tempos
de ouro por ouro
e dente por dente.

## Aos Corretores de Filadélfia

É o dia terrível e atarefado
dos corretores de seguros
que, ainda na névoa, encostam os seus carros
nos parques de estacionamento.

Toda a América está no seguro
contra a morte, o fogo e os acidentes.
As catástrofes são pagas
com um cheque, um sorriso e um energético aperto de mão.

Protegido pela *Plymouth Mutual Life Insurance Company*,
vejo a lua de catarro que paira
entre refinarias, antenas de TV e uma inchada torre rococó.
Pioneiros e puritanos bebem coca-cola.

A América pôs a minha vida no seguro.
Mas quem me segurará contra a eternidade?
Não quero ser imortal.
Que minha alma cremada não alcance os anjos.

## A um Nariz

Põe teu nariz onde és chamado
e sorve, num hausto profundo,
este mundo. Que nauseabundo
cheiro ele tem, de sangue e vômito!

Um cheiro de urina em caliça!
E o vento da baía eriça
a relva seca do aeroporto
que a aurora tingiu de vermelho.

Cheira também a derivados
de petróleo e a bafo de cão
que fareja a lata de lixo
e sua fresca podridão.

E cheira a nitroglicerina
e à estiva que guarda a soja.
Aspirado, o mundo é menor
que o abolido sol das rosas.

Tem perfume de primavera
e de caco de vidro contra
qualquer detrito do horizonte,
qualquer fome, qualquer quimera.

E cheira à faminta ninhada
que disputa os ossos de um dia
no espaço entre a guarda-moria
e a Câmara dos Deputados.

E cheira às plantações do homem:
suor esparso em mandiocal,
arrozal em pendão, um pássaro
na gamela onde todos comem.

Cheira a focinho de cavalo
que pasta na rala campina
tormentado pelo zumbido
das moscas e o canto dos galos.

Cheira tudo com o teu nariz
que inodora é a eternidade!
Não fede e não cheira e não lembra
o peixe podre do mercado.

Olor de alfazema ou de náilon,
nos guia, filho, pelo mundo.
Nosso sumiço é pelo cheiro
no cheiro da terra do túmulo.

# Confidência do Sonhador a seu Filho no Berço

Sonho o meu próprio sonho e o dos meus ancestrais.
Dormindo, fujo a toda monotonia e vejo
o espinheiro sob a neve, que verás, soldado,
e subo, ainda menino, a escada em espiral
que mostra, no alto do farol, a redondeza do mundo.

Sou um homem que sonha, cheio de mitologias
e de hieróglifos. E um mar eterno
lava, todas as noites, as docas da minha alma.
E a luz do farol gira como um sol
girassol! girassol! Sou um homem que sonha.

Além de todo o absurdo da vida, onde a hora não
goteja
sua lágrima suja, durmo antigo e forte
como o animal humano em seu covil de pedra.
E as magias me cercam, e um anel de encanto me
rodeia,
e sinto o cheiro do primeiro fogo armado na caverna.

Sonhando eu me divido: sou o homem que ama
girassol! girassol! embora ainda dormindo,
e imóvel se dispersa à luz verde da aurora,
e sou um ser primevo, sem nome nem futuro,
que nas selvas apalpa as árvores do dia.

Animal dividido em tempo e eternidade,
em noite e dia, terra e mar, sonho e vigília,
assim sou eu e o nós que me acompanha,
cão rafeiro da tribo anichado em meu sangue,
coletivo sonhar que digere o meu sonho.

Sonho continuamente: vou subindo um farol;
criança, perdi-me no parque de diversões
e não acho, na noite, a mão de meu pai;
sou um homem perdido, e tateio, sonhando,
teu corpo, bem-amada, paraíso de lábios!

Sou um homem que sonha – acordado, dormindo,
imóvel, em viagem, até mesmo sonhando
sou o homem que sonha e constrói o universo
e do alto de um farol vê a terra, redonda,
a girar como um sol: girassol, girassol!

# O Montepio

Que herança transmite
o pai a seu filho?
Não lhe deixa casa
ou sombra de apólice
nem tampouco o sujo
de seu colarinho.
Não lhe lega a velha
mala de viagens
nem os seus amores
e as suas bobagens.
E as roupas do pai
que a chuva encolheu
no filho não cabem.
Com pau seco e fogo
o pai de resina
arma o seu legado.
Deixa uma fogueira
que ele fez sozinho
no escuro da mata.
(Borboletas em
seus ombros pousavam.)
E também menino
na pele do vento
solta para o céu
o seu papagaio.
E antes de mudar-se
de suor em musgo
o pai dá ao filho
como pé de meia

algo da paisagem
- sobra de pupila,
moeda de lágrimas.
Deixa-lhe o balaio
cheio de apetrechos
e o jeito de andar
com as mãos às costas.
Para o filho passa
todo o seu cansaço
suas promissórias
e seu olhar baço.
Da árvore do povo
deixa-lhes no sangue
um ramo orvalhado.
Transmite-lhe o grito
de espantado amor
que gritou na praia.
De agrestes gravetos
faz o fogo e esquenta
na palhoça ao vento
a comida fria
de sua marmita.
O pai dá ao filho
o ninho vazio
achado no bosque
e a raposa morta
por sua espingarda.
Dá-lhe a sua anônima
grandeza do nada.
Sua herança é o frio
que sentiu rapaz
quando impaludado.

Dá-lhe a lua imensa
na noite azulada.
Estende-lhe as mãos
sujas de carvão
molhadas de orvalho.
Fala-lhe da dor
que sente nos calos.
Dá-lhe a verde e rubra
pimenteira em flor.
Mostra-lhe o tambor
de salitre e brisa
que rufa sozinho
entre os arquipélagos
de sua pobreza.
Mostra-lhe o cadarço
de espuma no mar
cheio de mariscos.
Ser pai é ensinar
ao filho curioso
o nome de tudo:
bicho e pé de pau.
Que o pai, quando morre,
deixa para o filho
o seu montepio
- tudo o que juntou
de manhã à noite
no batente, dando
duro no trabalho.

Deixa-lhe palavras.

## Achamento e Duração dos Mortos

És o cemitério.
Os mortos não jazem
debaixo da terra.

Não estão ocultos
num lençol de relva
mas sob tua pele.

Tuas veias são
ruas onde os mortos
passeiam, fagueiros,

e em férias percorrem,
turistas do eterno,
os museus do éter.

E nas terras velhas
de tua memória
almas veraneiam.

Meu filho, viver
é comerciar
no balcão dos mortos.

É achar no chão
o botão caído
de um casaco antigo.

Os defuntos vivem
fora dos seus ossos,
ocultos nas lágrimas
dos vivos que choram
ou mesmo no orvalho
do ramo de flor.

Mortos continuam
vivos, quando amados.
Viver é guardá-los

do verme que os come,
da erva que os encobre,
do nada infinito.

Fechado o ataúde,
seguras as alças,
e morto se evade.

Em verdade um morto
nunca é enterrado.
Volta com os vivos

de seu próprio enterro,
deixando na cova
o pó de novembro.

Por isso acordamos
nas noites escuras
cercados de mortos.

O pai morto dá
conselhos miúdos
ao seu filho aflito.
E a mãe morta vem
embalar, na noite,
o filho barbado.

(O menino eterno
que qualquer mãe morta
carrega consigo.)

Nesse minifúndio
que é a tua memória
figuras peremptas

te falam no vento:
tua parentela
desfila, andarenga.

Sê fiel, meu filho,
à tua prosápia.
Pratica teus mortos

(como o marinheiro
respira a onda nua
na entrada da barra).

Enquanto viveres
cubra-te a caliça
de todos os mortos.

Ouve o que te digo:
está morto o vivo
que esquece os seus mortos

e os sepulta em si,
empareda-os, vivos,
numa íntima cova.

Uma vida eterna
sucede, na terra,
de pai para filho.

Mais do que no sangue,
na vaga semblança
ou no sobrenome,

o pai continua
cumpincha da vida
no filho varão.

No filho legal
que torna domingo
o dia longínquo

e dá vida à morte.
Sendo filho, é o pai
quando era menino.

## Minha Terra

Minha pátria é onde os goiamuns
pressentindo o cair da noite
buscam as locas entre os mangues.

No meu país palustre
o peso das chuvas encurva os cajueiros
e o sol calcina lágrimas.

E uma espinha de carapeba
arranha a louça do dia
que a língua do mar lambe.

Entre casas de marimbondos
e caranguejeiras imóveis
a tarde me iluminava.

Eu soletrava a ferrugem
de navios sem nome que a lama
das lagoas mastigava.

Eu percorria as galáxias.
Fagulhas de estrelas caíam
nos coqueirais do tifo.

No chão das ilhas pegajosas
um planetário búzio avariado
guardava o aroma do mundo.

Minha pátria é a água negra
- a doce água cheia de miasmas –
dos estaleiros apodrecidos.
(Na cozinha, a boca alugada,
soprando carvões, fazia nascer
o fogo do dia.)

Quando eu estava dormindo
e chovia no meu sonho, nos vales
caíam trombas-d'água.

A manhã raiante se manchava
do sangue escuro da raposa
morta no chão memorável.

Minha terra é o novo caminho
que o homem abriu sem querer
no capim à beira do arrozal.

Entre lagartos e caga-sebos
vi as horas caírem sobre as cercas
que afrontavam os relâmpagos.

Foi na infância que aprendi a ver-te,
ó sol que me ilumina. E um arco-íris
abriu-se entre arraias no céu pálido.

Foi na infância que aprendi a amar-te,
fêmea, que o meu espanto confundia
com as caranguejeiras.

No meu país de podres arquipélagos
um cardápio de barro sempre espera
meus irmãos opilados.
E, nos monturos, homens e urubus,
na lei da livre concorrência, ganham
o pão que Deus amassa.
De cima das dunas eu via o mundo:
escória azul ao longe,
mar curvo de navios.

Como o universo era belíssimo!
A nuvem que roçava os trapiches
fulgia no celeiro das águas.

No fim dos trilhos da Great Western
entre balduínas sedentas
e dormentes cravados na água

o branco farol de minha terra
clareava jaqueiras acocoradas
sempre grávidas como as lavadeiras.

Vindo das ilhas inacabadas
nunca aprendi a separar
o que é da terra e o que é da água.

Sempre juntei no mesmo prato
as espinhas dos meus peixes
e o sobejo dos meus sonhos.

# Os Morcegos

Os morcegos se escondem entre as cornijas
da alfândega. Mas onde se escondem os homens,
que contudo voam a vida inteira no escuro,
chocando-se contra as paredes brancas do amor?

A casa de nosso pai era cheia de morcegos
pendentes, como luminárias, dos velhos caibros
que sustentavam o telhado ameaçado pelas chuvas.
"Estes filhos chupam o nosso sangue", suspirava meu pai.

Que homem jogará a primeira pedra nesse mamífero
que, como ele, se nutre do sangue dos outros bichos
(meu irmão! meu irmão!) e, comunitário, exige
o suor do semelhante mesmo na escuridão?

No halo de um seio jovem como a noite
esconde-se o homem; na paina de seu travesseiro, na luz
[do farol
o homem guarda as moedas douradas de seu amor.
Mas o morcego, dormindo como um pêndulo, só guarda
[o dia ofendido.

Ao morrer, nosso pai nos deixou (a mim e a meus oito
[irmãos)
a sua casa onde à noite chovia pelas telhas quebradas.
Levantamos a hipoteca e conservamos os morcegos.
E entre as nossas paredes eles se debatem: cegos como nós.

# O Nó

Passo entre os teus seios:
esta ponte leve
sobre dois jardins
que os sóis não maceram.
Meu clamor esparze
a luz sorrateira
que assusta açucenas.
E vou despertando
um mundo dormindo
de úmidas pestanas
e volúpias curvas
como os horizontes.
Minha boca sorve
a sobra da espuma
de uma fonte escura.
Vou entre colinas
como os cães que lambem
a sombra da alfombra
e chego a lugares
de alface e acônito.
O silêncio forja
todo o meu futuro:
não sei conversar
teu corpo desnudo.
Não sei soletrar
as letras que o vento
escreve nos muros.
Vim dos dissolvidos
gelos da vigília
para te atingir
e ser a mirada
mudada em cegueira
num golfo de sombras.

## Ferro Velho

O tempo tem olhos. A eternidade
tem ouvidos e escuta as injúrias do mundo.
A pia goteja? O carro enguiçou? A louça quebrou?
O que está além do pontilhão de madeira e do paiol de
[pólvora
capta as pequenas coisas espalhadas na relva
e encontra, ao cair da tarde, os alfinetes perdidos.

Apenas os bocejos e borborigmos alcançam esse erário
[terrestre
que entesoura as ideias dos objetos abandonados.
Os canos entupidos e os cacos de garrafas
e os sonhos enlatados e as hélices dos navios caducos
e as pilhas descarregadas e os velhos relógios sem corda
a eternidade os redime.

O tempo, com as suas pálpebras de ferrugem,
deixa no escuro um emblema. Mas a pasta dentifrícia
[espremida
resplandece, sósia do sol, entre escovas e frascos
e pesadelos e esperanças dissolvidas
e discos fanhosos e dias espatifados
e panelas furadas.

Os mamilos estremecem nas camas abaladas
pela passagem dos trens.
por que o homem cravou o seu amor nos dormentes
[podres da vida?

As folhas cobrem a marca das rodas da carroça no saibro
e o outono se evapora, e as bolachas endurecem
na despensa cheia de mofo.

Quando a noite cai, entre lêndeas, o dia é um cão
que se deita para morrer.
E, entulhado na treva, tudo o que o homem amou
recebe a visita do vento.

Só tenho amado o perecível: a pequena cioba
que apodreceu na praia, a penugem
entre o púbis e o umbigo, a tarde em opala
convertida em sucata.

A chave da vida enferrujou em minhas mãos
e não abre mais nenhuma porta.

# A um Magnata

Faça amor de dia.
Guarde a noite para
dormir e sonhar.
Faça a rosa espessa
fremir no mormaço
e o poço secreto
cobrir-se de orvalho.
Fature milhões
sem sair de um quarto:
os milhões da vida
que os bancos não guardam.
Não se desperdice
cativo ao trabalho.
Lembre-se: suor
mole em vida dura
cava sepultura.
Rompa com o seu sócio
e jogue na cesta
as letras de câmbio.
Cultive o seu ócio
e beije, na sombra,
o pistilo ardente
da rosa em sigilo.
Se quer evitar
o câncer e o enfarte,
siga o meu conselho:
não se mate no
trabalho ou negócio.

Arranje uma dona.
Um pregão da Bolsa
não vale o sussurro
de uma namorada.
Se quer lucro certo
invista no amor.
Mas – meu bom calhorda! –
não cometa excessos.
Matéria de sexo
requer parcimônia.
A poupança é tudo.
Com a bem-amada
faça o amor correto
(papai e mamãe,
mamãe e papai)
como antigamente
nos tempos das valsas
e dos candelabros
quando não havia
sequestros de jatos
e de diplomatas.
Ah! ditosos tempos
sem Freud e sem Marx.

Os computadores?
São uns mentirosos.
Produtividade?
Não creia em lorotas.
Não perca o seu tempo.
E ar-refrigerado
só dá resfriado...
Não caia no conto
da tecnologia.
Fuja dessa lepra
chamada dinheiro
que só dá prejuízo
e aborrecimentos.
Seja um homem prático.
Faça amor de dia.

## O Fim de um Domingo

Os reservatórios de água sussurram na escuridão. Luvas negras de manequins caem nas pistas dos aeroportos. As begônias estremecem nos jardins suburbanos, à passagem de caminhões carregados de legumes. E as refinarias de petróleo se confundem com os navios iluminados.

Um mar de quinino canta nos lençóis que amortalham a náusea dos homens. A música dos teletipos ocupa a jaula planetária. E as árvores se transformam lentamente em mastros de navios.

Entre sonhos de estanho as portas se abrem para que as borboletas da noite possam voltar às florestas. Os olhos oblíquos das lagartixas espreitam as estrelas cravadas nos viadutos. E os pobres fedem, embora seja domingo.

# As Damas da Pílula

Somos as damas da pílula.

Mesmo quinze ou treze, somos
- tudo depende das safras! –
sempre as dez mais elegantes.
Nossas faces que despertam
ciúme e inveja nas romãs
propalam nos coquetéis
nossas virtudes cristãs
que nos fazem patronesses
de todos os festivais
desde a indústria de automóveis
aos negrinhos de Biafra.
Em nossos corpos eternos
vibram nádegas de sal.
Nossos seios de basalto
ensinam nos bicos róseos
toda a doutrina de Malthus.
Sempre cobertas de joias
passeamos noite e dia
mas nosso melhor tesouro
é guardado em doce escrínio.
Neste mundo ameaçado
pela explosão demográfica
temos vulvas de alumínio.

São sinos de ouro e cristal
nossos clitóris melódicos
que, nos seus nichos de náilon,
seguem a cotação do dólar
quando, lindas de morrer
ou podríssimas de chique,
desfilamos na cidade
no Grande Prêmio Brasil,
nas missas da Candelária.
As nossas unhas de pórfiro
sabem domar fera ou homem.
Nada mata a nossa fome
de beleza sempiterna.
Quer de frente, quer de costas,
estamos sempre viradas
para os abismos hiantes
que devoram as quimeras
pois somos como as moedas:
valemos cara e coroa.
Somos quentes? Somos frias?
Somos redondas? Quadradas?
Aos maridos e amantes
só impomos uma regra:
respeitar a maquilagem.
Os nossos seios divinos
e os ventres indeformáveis
de madonas de biquíni
exigem que evitemos
dar de mamar aos meninos.

# O Estandarte da Forma

A forma tem a forma de uma formiga, ou a de teu seio nu que, na curva da noite, esconde a Via-Láctea. Junto ao cais, contemplando a água viscosa onde boiam os dejetos do horizonte marinho, reflito, enquanto o sol suga os oleodutos: a forma tem a forma da ferrugem que enlaça a sucata, ou da algema no pulso.

Nos ares onde minha infância jamais defunta reúne as escórias da tarde, desatam-se as formas dos pães de ló dos aniversários, das flores de papel, das públicas-formas e dos sonetos de amor. E, sozinho no quarto, junto ao vaso de flores que guarda todo o aroma do dia, reclamo a forma da luz que fulge oculta na noite de opalina.

A forma tem a forma de uma formiga, que vai pelo mundo carregando o estandarte verde de sua poupança.

# Feliz Ano Novo

Mais um ano termina em estridência e fumaça.
A invejosa boca do tempo se escancara
para engolir as almas de isopor.
Os dias são iguais. E para separá-los
- como quem afasta alguns pelos entre os lábios –
as valvas fulvas se contraem
sob os lençóis da noite.
Tudo é passagem para o som e a forma
mas não se ouve a trompa que ressoa
buscando alguém na Ilha do Tesouro.
A espada pende no vazio do mundo e chama
o estojo. E os suspiros vagam
nos brejos que resumem o diálogo
entre o pênis e a vagina.
Feliz Ano Novo! diz o meu irmão hipócrita
e vomita o que comeu e bebeu o ano inteiro.

Nas igrejas, boates e macumbas
balimos e bailamos, ovelhas
que os filtros da redenção embebedaram.
E lançamos ao mar o tributo florido
de nossa gratidão. E os deuses nos desprezam.

## O Cemitério dos Navios

Aqui os navios se escondem para morrer.

Nos porões vazios, só ficaram os ratos
à espera da impossível ressurreição.

E do esplendor do mundo sequer restou
o zarcão nos beiços do tempo.

O vento raspa as letras
dos nomes que os meninos soletravam.

A noite canina lambe
as cordoalhas esfarinhadas

sob o voo das gaivotas estridentes
que, no cio, se ajuntam no fundo da baía.

Clareando madeiras podres e águas estagnadas,
o dia, com o seu olho cego, devora o gancho

que marca no casco as cicatrizes
do portaló que era um degrau do universo.

E a tarde prenhe de estrelas
inclina-se sobre a cabine onde, antigamente,

um casal aturdido pelo amor mais carnal
erguia no silêncio negras paliçadas.

Ó navios perdidos, velhos surdos
que, dormitando, escutam os seus próprios apitos

varando a neblina, no porto onde os barcos
eram como um rebanho atravessando a treva!

## O Chamamento Eterno

Como a formiga que sobe à cama de um homem
atraída pelo açúcar da urina represada nas lagunas
[da noite
assim subiste até mim e me chamaste.

A morte é uma velha idiota, uma formiga tonta
que se embebeda com a urina dos homens.

## Aos Roedores

Saúdo nesta manhã
o gorgulho que deteriora
o mais claro cereal.

Reservo os meus cumprimentos
à sóbria larva que não dormita
nas águas mais cristalinas.

E não regateio aplausos
à traça sem pressa que jamais
soletra o latim da vida.

Reverencio a barata
que, sob a noite pálida, corta
as roupas velhas do povo.

E diante da ratazana
que rói os pés da mesa do povo
eu me curvo, respeitoso:

isto equivale à passagem
do rei que rói até mesmo as lágrimas
e os sonhos dos cidadãos.

Cupim e formiga-branca,
a vós, vassalos de um reino obscuro,
minhas congratulações.

Aos insetos roedores,
às pragas que gastam planta e gado,
uma palavra fraterna.
E felicito os esquilos
que roem as nozes da poesia
no úmido chão de Washington

e a lebre oculta na sebe
que, farejada por cães de caça,
quebra o sigilo do outono.

E apresento os meus respeitos
ao engenheiro da podridão,
o verme que come o homem.

Roei o vento e o palácio,
desfazei as podres estruturas,
mudai a face do mundo.

E que o térmite admirável,
no saco de milho ou na cornija,
corrija a omissão dos homens.

## O Começo do Verão

Assim começa o verão: as moscas zumbem
e as pedras resplandecem
e os rumores do mundo nos perseguem
sob a forma de dunas e miragens.

E sucede que, ao cair da noite,
o dia se converte no intocável
seio nu, rival do sol extinto.
E as cigarras cantam. E os trens passam.

A vida, abelha sem mel, zumbe na claridade.
E as moscas importunam os corpos
embalsamados pelo verão.
E nas matas crepitam os primeiros incêndios.

## Finisterra

Ando na multidão e o meu nome é Ninguém.

Na cidade que cheira a peixe podre
e gasolina e demagogia
pisado pela tarde vou roçando as escamas
das paredes que cosem a minha dor.
Sob este céu vinagre sugado por turbinas
um vômito de cifras me estonteia.
Levo na maresia o meu amor de homem
e ninguém sabe que amo a não ser os cães
que farejam meus passos pelas alamedas.
No auditório do medo o meu fervor responde
a uma estridência de pedras desmoronadas
e nas galerias ouço escorrer
o meu amor de água; e o meu amor de flor
brota nos quiosques pálidos e atravessa
as pedrarias e miçangas do dia enfeitado
de ráfia amarela e branca.
Ó dia, altar dos homens, curral de mármore!
As reses se aproximam tontas no abatedouro
e a sombra do meu querer calcina as calçadas.

Os dias são rufiões ocultos nos balcões
onde ninguém paga os juros de minha alma.
E este amor que me suga enquanto eu sugo
o sumo oculto na gruta insensata
abre uma cratera entre os regos e as rochas
da terra que me nutre em seus peitos de pó.
As paliçadas da incerteza se levantam e isolam as torres
onde se revezam as sentinelas que espiam na treva
a chegada dos pelotões invisíveis.
No caminho entre o viaduto e o motel
vou quando venho... Partida e chegada
são quimeras do horizonte e grasnar de gaivotas
que irritam os burocratas na alfândega.
E caminhando pelo Rio vivo de todos os assombros
rede que na treva encontra um cardume de sardinhas
homem que atrás do sol e da alegria se defronta
com os terraços cinzentos da amargura.
A hora faz uma curva de luz para que eu passe

entre os milionários os padres os lixeiros os palhaços e as
[prostitutas que são os meus semelhantes.
Aqui os bancos são mais belos que as catedrais.
E, cabisbaixos, confiamos aos gerentes os nossos pecados:
cobiçamos a mulher do próximo; e a sua mansão; e seu
[escravo; e seu iate; e seu boi e jumento; e suas
[debêntures,
e o sol de sua piscina.
Comungamos nos guichês. E quando a Bolsa cai
nossas almas monetárias tremem.
Entre o terror e o telestar
e a formiga que sobe a escadaria do Ministério da Fazenda
sinais luminosos se formam. Ó novo glossário do mundo!
Adeus ó velhas palavras que não significam nada
e por um momento boiam nas latrinas.
Como os cemitérios de automóveis, os museus guardam
[a sucata.
A arte de hoje está nos tapumes,
nos cartazes que anunciam liquidificadores.
Ó diálogo das constelações, ó sintaxe planetária!
Com as palavras dementes que aprendi na escola
e gastas como as solas dos sapatos
já não sei cantar o mundo nem dizer meu amor.
E o meu silêncio come um pão cozido
nos fornos da mentira.
Ó dia sem lábios
ó dia cheio de escamas como um peixe
que nada em minha jaula
diz-me que céu guardou o grito de Elpenor!
Onde está a sepultura de Nabucodonosor?
Canta pra mim, ó Musa, o varão industrioso Nick Carter...
Onde encontrarei todos esses velhos túmulos
com suas lápides partidas e epitáfios
escritos na língua antiga dos mortos?
As trombetas ressoam na esplanada de Elsinor.
Os leões de granito rugem na manhã.
E pisando as palavras amarelas de um outono amarelo
[como o corpo de Cristo

vou na multidão de boca lacrada.
Sou um homem isolado dos outros homens
que caminham como se já estivessem mortos.
Nos parques de estacionamento a luz da tarde queima
a relva que me separa dos meus irmãos
neste mundo roído pelo terror.
Eles gritam onde eu não posso escutá-los.
E a aurora rói meu punhos iracundos.
E os ratos roem os pulsos de minha alma.
Deitado no horizonte bebo a alvura da noite
que ilumina a fachada dos hospícios.
Ó noite bela como um navio!
Sou o grão
no silo.
Sou o vento
que vem dos subúrbios de urina e querosene
e cega lentamente os olhos das estátuas.
Os gigantes do mundo me perguntam: "Qual é o teu
[nome?"
E respondo: "Eu me chamo Ninguém."
Os gigantes jiboiam nos iates ancorados nas ilhas.
A cólera da vida treme nas calçadas.
E o dia se dissolve, impostura
desfeita no ar reverente. E tu que eras gemido e carne
me segues esvaída em minha saliva.
E como os velhos aviões dormem nos hangares
assim durmo em ti e o silêncio é um triunfo
carente de orvalho. E nenhuma valva se contrai
e os peixes se acumulam nas cestas fétidas
dos supermercados diluídos
no puro pasmo das fornicações.

E a minha vida se descasca como aqueles velhos balcões
abertos em Nova Iorque para o esplendor e a mentira.
Sou o que não cabe no alarido
que da rotunda da Bolsa de Valores
sobe para um céu sem sílabas.
No dia bursátil o suor dos homens se muda em números
mas longe de ti só ouço as palavras roucas
que saem de tua garganta visível para o amor.
Ó mulher, esponja do homem,
ocupas toda a paisagem como um pássaro,
ó sol nu, ó minha égua cargueira,
passeio pelo teu corpo como uma criança num palácio
e sou a luz dos espelhos que iluminam teu dorso.
Vagueio pelas planícies e colinas ao sol-pôr
espantando os pássaros que ondulamem tuas pálpebras
e enxotando os arco-íris.
E junto aos tapumes escarlates da tarde
que bloqueia o cansaço dos homens
vou rastejando na terra quebrada
onde o ódio passa a galope, espalhando a morte.
Ó noite dos semáforos e espantalhos e das caranguejeiras
[ocultas nos trapiches
ó noite dos morcegos que em minha infância sustentavam
[os estandartes do sonho
as hélices de teus navios carregados de estrelas cruzam os
[anfiteatros do mar.
Mas onde está a finisterra que me prometeste, além das
[ilhas idiotas e dos mitos corroídos pela maresia?
Como um lustre no teatro quando as luzes se acendem
minha vida inteira estremece ao cair da noite
e ouço na escuridão o cântico de tudo o que parte.

## Queixa do Editor de Poesia

"Poesia não se vende,
ninguém a entende!"
- suspira o editor.
Poesia! Poesia!
Ninguém te entende.
És como a morte e o amor.

## Inscrição Para um Tapume

Desejo tudo quando nada quero.
Ficar longe é o meu modo de estar perto.
Por mais que invente, sempre sou sincero.
Quanto mais sonho, mais estou desperto.

## Lamentação de Camões

Fui amor, fui paixão e celebrei
o mundo, o vento e as ilhas infinitas.
Mas hoje, neste quarto centenário,
me assombra o meu destino.
Linguistas e filólogos fizeram
de mim uma apostila.

# Vargem Grande

Afinal aprendi a ler a terra.
Este chão completa o céu: brancor de nuvens e
constelações
onde pássaros pousam, banhados de sol.
Vejo o enlace do amor na escultura do cacto.
Ouço a carroça carregada de capim que abre dois
sulcos desiguais na terra núbil.
Soletro as pedras que vieram dos outros planetas.
Somos as águas
que escorrem para a vargem, entre pepinos e
quiabos.
Falo ao rio. Falo às árvores.
As pedras me escutam com a maior atenção.
Converso com os pássaros sobre o calor do sol.
Deblatero com o fogo crepitante.
A chuva que ameaça os ninhos
bebe o meu silêncio.
A água pura canta e celebra na manhã
a sua serventia
como as palavras na boca dos homens!
Hoje, no formigueiro, é o oitavo dia da Criação.
Voando entre as estacas, quatro anuns proclamam
a glória do mundo.

## Inventário

Alguém escova o cavalo todas as manhãs.
Pregado no mourão, o grampo segura o arame
que cerca os pastos feridos pelo inverno.
A terra, a água, o gado, os telheiros, os dois cães
de guarda
serão partilhados. Mesmo um arreio de prata
desperta desejo ou ambição, na mesa que recolhe
os despojos.
No inventário tudo será arrolado
exceto os sonhos: o que não conseguimos dizer
quando os pássaros assustados se levantam do
chão,
o gesto que em sua perfeição estava além do amor,
a luz do sol junto às sombras do estábulo.

# Barganha

Domingo é dia de barganha.
Troco um relógio dos antigos
por um cavalo rosilho,
um bode por um trinca-ferro,
e uma roda de cabriolé
por um radinho de pilha.
Troco um gibão de um cigano
pela serra que serrou
o tronco mais odorante
e por um fogão de lenha
troco um cachorro de caça
e uma panela de cobre.
Troco toda a luz do sol
pela sombra de um só pássaro.
Por uma espingarda troco
um tacho que foi de escravos
além de um almofariz
e uma xícara sem asa.
Troco a salmoura dos peixes
por qualquer gosto de lágrima.
Pela vitrola rachada
dou a minha bicicleta
com os pneus arriados.
Troco o entulho que restou
do muro que derrubei
pelo calor da fogueira
que por uma noite apenas
negou o frio dos pobres.

Troco um lençol de noivado
e uma toalha bordada
pela lua refletida
na escuridão das cisternas.
Troco o meu selim de couro
por um arreio de prata.
Dou um caminhão de pedra
por um portão de peroba.
Na tabuada do mundo
troco o número um
pelo número dois.
E troco o bolor do dia
pelo silêncio guardado
na boca aberta dos doidos.
Troco a alvorada dos galos
pelo rumor dos reis mouros
que passam com seus vassalos
pelas antigas muralhas
rubras de tantas batalhas.
Também troco uma tigela
feita de barro da terra
por um jarro e uma gamela.
Barganho a chuva celeste
pela água negra da terra
e troco a nuvem que passa
por tudo o que for eterno.
Só a minha alma é inegociável.
Não a dou por dinheiro nenhum.

# Os Utensílios

No galpão guardamos as enxadas enferrujadas.
E lá elas esperam a morte, como os velhos nos asilos.

Esta foice não está mais afiada. Este ancinho
já não sabe limpar o cisco do pomar.
Mas não nos desfazemos de nada – é a nossa lei.
No depósito escuro onde repousam escorpiões
está até a chave que não abre nenhuma porta.

# Os Pobres na Estação Rodoviária

Os pobres viajam. Na estação rodoviária
eles alteiam os pescoços como gansos para olhar
os letreiros dos ônibus. E seus olhares
são de quem teme perder alguma coisa:
a mala que guarda um rádio de pilha e um casaco
que tem a cor do frio num dia sem sonhos,
o sanduíche de mortadela no fundo da sacola,
e o sol de subúrbio e poeira além dos viadutos.
Entre o rumor dos alto-falantes e o arquejo dos
ônibus
eles temem perder a própria viagem
escondida na névoa dos horários.
Os que dormitam nos bancos acordam assustados,
embora os pesadelos sejam um privilégio
dos que abastecem os ouvidos e o tédio dos
psicanalistas
em consultórios assépticos como o algodão que
tapa o nariz dos mortos.
Nas filas os pobres assumem um ar grave
que une temor, impaciência e submissão.
Como os pobres são grotescos! E como os seus odores
nos incomodam mesmo a distância!
E não têm a noção das conveniências, não sabem
portar-se em público.
O dedo sujo de nicotina esfrega o olho irritado
que do sonho reteve apenas a remela.
Do seio caído e túrgido um filete de leite
escorre para a pequena boca habituada ao choro.

Na plataforma eles vão e vêm, saltam e seguram
    malas e embrulhos,
fazem perguntas descabidas nos guichês,
    sussurram palavras misteriosas
e contemplam as capas das revistas com o ar
    espantado
de quem não sabe o caminho do salão da vida.
Por que esse ir e vir? E essas roupas espalhafatosas,
esses amarelos de azeite de dendê que doem na vista
    delicada
do viajante obrigado a suportar tantos cheiros
    incômodos,
e esses vermelhos contundentes de feira e mafuá?
Os pobres não sabem viajar nem sabem vestir-se.
Tampouco sabem morar: não têm noção do
    conforto
embora alguns deles possuam até televisão.
Na verdade os pobres não sabem nem morrer.
(Têm quase sempre uma morte feia e deselegante.)
E em qualquer lugar do mundo eles incomodam,
viajantes importunos que ocupam os nossos lugares
mesmo quando estamos sentados e eles viajam
    de pé.

# Asilo Santa Leopoldina

Todos os dias volto a Maceió.
Chego nos navios desaparecidos, nos trens sedentos,
nos aviões cegos que só aterrizam ao
anoitecer.
Nos coretos das praças brancas passeiam
caranguejos.
Entre as pedras das ruas escorrem rios de açúcar
fluindo docemente dos sacos armazenados nos
trapiches
e clareiam o sangue velho dos assassinados.
Assim que desembarco tomo o caminho do hospício.
Na cidade em que meus ancestrais repousam em
cemitérios marinhos
só os loucos de minha infância continuam vivos e
à minha espera.
Todos me reconhecem e me saúdam com grunhidos
e gestos obscenos ou espalhafatosos.
Perto, no quartel, a corneta que chia
separa o pôr do sol da noite estrelada.
Os loucos langorosos dançam e cantam entre
as grades.
Aleluia! Aleluia! Além da piedade
a ordem do mundo fulge como uma espada.
E o vento do mar oceano enche os meus olhos
de lágrimas.

# O Mudo na Avenida

O tempo das palavras terminou.
Agora as nossas vidas estão salvas.
Calados, somos nada e somos tudo.
Indo pela Avenida entre os cartazes
e o rumor e o fedor da multidão
já nem mesmo gaguejo ou faço gestos
(dispenso o imperfeito e o desconexo).
Quem fala não diz nada, quando diz.
Quem cala não consente e clama tudo.
Hoje falo o que sou porque sou mudo.

# Os Sinais

Saibam quantos vivem
neste mundo imenso:
Deus não cheira a incenso.
É no estrume fresco
e na alga viscosa
que devemos ver
os sinais divinos
com os olhos de quando
éramos meninos.

## Os Tesouros

Desde a infância me habituei a esconder o que amo, para evitar a inveja e a cobiça, e esse rancor que transborda de todos os corações, mesmo daqueles que são os mais cumulados pela fortuna do destino. As minhas palavras eram um tesouro. Eu as enterrei nas dunas, entre o vento e o mar.

Desde esse momento inscrito na linha plácida do oceano a prosódia do mundo deixou de importunar os meus ouvidos. Minha alma se tornou de tal modo silenciosa que passei a escutar o que está além do silêncio, no lugar privilegiado em que a tarde se muda vagarosamente em noite, só o leve frêmito de uma folha ainda ferida pela claridade consegue impor-se ao pasmo do universo.

Mudo e despojado da insensata virtude de poder exprimir-me e celebrar os seres e as coisas, eu era apenas um olhar. E esse olhar alcançou finalmente o seio radioso que estava à minha espera. Minha mão avançou até os pés bem-amados.

Tornei-me adoração. Embora ainda houvesse sol, eu já estava preparado para ocupar o meu lugar na escuridão - o lugar a mim reservado entre as estrelas, quando a Noite se abre como uma grande porta e duas criaturas finalmente enlaçadas descobrem que a eternidade é uma promessa de êxtase.

## Os Irmãos no Metrô

No metrô, viajamos lado a lado.
Ele olha para o meu rosto e finge não me ver.
As palavras que reservou para mim morrem na sua
[garganta.
Somos dois estranhos, dois irmãos separados.

Uma luz de catarro dança entre os trilhos negros.
Este metrô é escuro como o ventre materno.
E nós, os irmãos gêmeos, estamos lado a lado
na viagem intestina começada no amor.

No mesmo degrau da escada rolante
mudos e fraternais subimos para a luz
que, mudada em rumor, ilumina a cidade.
Fritos do mesmo ventre, rostos e almas iguais.

Na praça cheia de sol, seus olhos me descobrem.
Tinhas um encontro comigo – enfim me reconheces!
Tua mão se levanta. Caio banhado em sangue.
Éramos dois estranhos, dois irmãos separados.

## A René Descartes

Nesta manhã na Holanda
penso em René Descartes.
Olhando a água fugir
nos canais sucessivos
como fogem os dias
no mar encarcerado
junto às casas de câmbio,
eu penso, logo existo.
E perto dos navios
e bondes amarelos
minha verdade é chama
que não resiste ao vento.
Ó meu caro Descartes,
tua certeza é dúvida
oculta nas tulipas
abertas para a noite
de sol e sacramento.
Todos nós somos sombras.
Nosso existir é um sonho
que sonha o pensamento
entre os plátanos verdes
e as vacas apojadas
que margeiam a estrada
por onde eu passo e penso.

# Ode à Permanência

Repilo a voz iracunda que condena antecipadamente os sinais da vida e do mundo.

Não me agradam os passantes que, contemplando os arranha-céus e os mendigos que se lavam nos lagos imundos das praças, as arquibancadas dos estádios e as luzes dos aeroportos, os transeuntes e as estátuas, as escadas rolantes dos centros comerciais e as inscrições obscenas dos mictórios dos botequins, as brancas represas murmurantes e o chão industrial que esconde os gasodutos, os cemitérios de automóveis e os paletós pendentes como espantalhos decepados na porta das lavanderias, os motéis ajardinados e os cartazes dilacerados dos *outdoors*, advertem que este presente haverá de desfazer-se, e será menos que cinza espalhada pelo vento do mundo.

Incomoda-me a agressão dessa voz rancorosa que, apontando para o passado esvaído, desde já argumenta que o futuro, embora ainda seja uma promessa suspensa no ar como um balão invisível, também passará, e esse monótono rumor dos homens espremidos nos bancos das estações rodoviárias ou caminhando pelos corredores ministeriais se dissipará, tornando nada, a exemplo das grandes cidades milenares convertidas em relva.

Que a permanência, e não o pó, seja o exemplo – e a memória, e não o esquecimento, seja o argumento de nossas vidas e a consolação de nossas mortes.